Harry Graf Kessler, geboren am 23. Mai 1868 in Paris, ist am 4. Dezember 1937 in Südfrankreich gestorben.

Harry Graf Kessler verstand das Reisen als existentielle Sinnsuche. Der reiche, beruflich ungebundene intellektuelle Europäer aus dem Kaiserreich Deutschland, einem wichtigen Außenhandelspartner Mexicos, offiziös, standesbewußt und kosmopolitisch auftretend, unterscheidet sich vom Exotiktouristen. Politische und philosophische Intentionen steuern die Exkursionen so, daß die Landeserkundung vom Erkenntnisgewinn für das Ich und Weltverständnis bestimmt wird. Der Reisende Kessler trifft auf ein vorrevolutionäres, diktatorisch regiertes Land. Er begegnet den Resten einer indianischen und kolonial-spanisch überformten Kultur. Kessler hat eine Reiseroute mit den schon damals interessantesten touristischen Regionen und Örtlichkeiten gewählt: Die Hauptstadt Mexico und Umgebung, den Nordwesten und Westen der Kordilleren, der Südosten und die Halbinsel Yucatán. In der Zeit vom 9. November 1896 bis zum 11. Januar 1897 bewältigte er innerhalb von 63 Tagen 5900 Kilometer Landweg. Die Erstausgabe seiner *Notizen über Mexico* erschien 1898.

insel taschenbuch 2176

Harry Graf Kessler

Notizen über Mexico

Harry Graf Kessler (1868-1937) zur Zeit der Mexico-Reise

Harry Graf Kessler
Notizen über Mexico

Herausgegeben von Alexander Ritter

Mit zahlreichen Abbildungen

Insel Verlag

insel taschenbuch 2176
Erste Auflage 1998

Hinweise zu dieser Ausgabe im Literaturverzeichnis
Vertrieb durch den Suhrkamp Taschenbuch Verlag
Umschlag nach Entwürfen von Willy Fleckhaus
Satz: Hümmer GmbH, Waldbüttelbrunn
Druck: Nomos Verlagsgesellschaft, Baden-Baden
Printed in Germany

1 2 3 4 5 6 – 03 02 01 00 99 98

Inhalt

Anhang

Colossalkopf im Museum von Mexico.
Frontispiz der Erstausgabe

Notizen über Mexico

Meiner Mutter gewidmet

Vorrede

Unsere Zeit ist möglicherweise die letzte gewesen, zu der man noch reisen konnte; schon wir kommen kaum noch aus unserer Zivilisation hinaus; das Bild bleibt sich von Weltteil zu Weltteil erstaunlich gleich.

Nach den Abenteurern haben die Entdecker und Gelehrten uns die Fremde erobert, und dann die Künstler unser Nervensystem nach allen exotischen Schwingungstakten vibrieren lassen. Jetzt gibt es keine Entfernungen mehr, die genügen, um Abenteuer glaubhaft zu machen; die Geographie und das Wirtschaftsleben lernen wir zu Hause aus Handbüchern und Weißbüchern besser als auf der Reise aus dem Baedeker kennen; und Familienjournale haben, was für die Sinne neu war, durch Bild und Wort gewöhnlich gemacht. Nur noch wer hinter bekannten Zeichen fremde Bedeutungen zu erkennen die Phantasie hat oder wer, durch ungewohnte Umgebungen und die Einsamkeit der Ferne angeregt, alte Bilder mit frischen Augen ansieht, wird häufiger und nicht bloß zufällig durch Veränderung seines Aufenthalts Neues empfinden: vielleicht nur der Reisende, den Kunstwerke und Gesellschaftsformen, die längst für ihn keine Bedeutung mehr hatten, auf eine neue Weise rühren, weil sie Bekenntnisse von Seelen sind, gegen die er noch nicht stumpf ist durch die zu lange schon gewußte Unmöglichkeit, ihr Geheimnis zu lichten. Dem allerdings begegnet es bei seinen Versuchen, eine neu geglaubte Geisteswelt zu enträtseln, daß er durch Augen, die er den Fremden leiht, in die Landschaft hinein nie geschaute Stimmungen sieht und daß ihm alltägliche Kunst durch neue Zusammenhänge zu Symbolen wird, die für ihn noch nicht verblaßt sind; er liebt das Reisen als die Heilung für den müden und durch Enttäuschungen oberflächlich gewordenen Geist. Und auch der Reisebeschreibung, Stanley oder Stendhal, will er eine ähnliche Umwandlung seines geistigen Sehvermögens abgewinnen; und nimmt es, da alles Fertige die Stimmung, in der es entstanden ist, zerstören müßte, als die natürliche und nicht reizlose Schwäche des Reisebuchs hin, daß es nur Unvollständiges, nicht ein fertiges Wissen zu bieten vermag und sich begnügen muß, einen Boden zu bereiten, auf dem dann vielerlei Frucht wachsen mag.

Berlin, März 1898.

I

Auf See, 10. Oktober 1896.

Das Wunderbare am Meer ist seine Seelenähnlichkeit. Jede andere Landschaft scheint uns starr; nur des Meeres Bewegungen sind flüchtig genug, um an unserem Dasein meßbar zu sein: es ist von den Weltenschauspielen das menschlichste. Heute hat es alle Launen durchlebt. Früh tanzte auf den Wellen das Sonnenlicht weithin und glitzerte wie Gold unter dem Möwenschwarm, der dem Schiffe folgt. Dann zogen Wolken herauf, ein Windstoß rauschte mit Tosen und prasselndem Regen über das grüne Wasser heran. Und jetzt, nach dem Unwetter, wogt die See träge und bleigrau im Helldunkel.

Auf See, 12. Oktober 1896.

Eine wilde, stürmische Nacht. Stundenlang überkopf das Rauschen des über das Deck strömenden Wassers und dazwischen eilige Tritte und Stimmen und Kettengeklirr. Die Wellen stoßen wütend gegen die Schiffsseiten. Die Geräusche der Nacht, das Knarren und Poltern, Stampfen und Stöhnen, Zittern und Ächzen verwachsen allmählich wie zu Fieberträumen. Nichts ist phantastischer als dieser

Kampf, den das Schiff, ein Menschenwerk, gegen das Meer in der heulenden Finsternis kämpft.

Auf See, 13. Oktober 1896.

Sternenhelle Nacht; das Meer gleicht unter der klaren Himmelskugel schwarzem Kristall. Später ging der Mond auf. Die Reinheit seiner Lichtstrahlen auf der dunkeldämmernden weiten See ist zu kalt und erhaben, um sentimental zu wirken; es ist, als sei zwischen Sinnen und Verstand das Gefühl ausgeschaltet. Vielleicht ist es doch wahr, daß diese gefühllose Seligkeit die Schönheit ist.

Auf See, 15. Oktober 1896.

Abends wurde getanzt. Die elektrischen Lichter strahlten; die Blechmusik rauschte; auf Deck drehten sich die Paare mit derselben oder fast derselben hüpfenden Grazie, die beider Welten Ballsäle ziert. Ringsum aber in der Nacht rauschte das Meer und hob und senkte die Tanzenden nach seinem Takte.

Im Hafen von New York, Oktober 1896.

Wir sind bei Nacht vor New York angekommen. Die Stadt ist noch fern. Man sieht von ihr jenseits des Hafens nur Fenster und flammende Essen und die Lichterreihe der Brooklyner Brücke, die wie ein Rubinenstrang am Himmel leuchtet. – Es ist phantastisch, so vom Meere aus das Land bei Nacht wiederzuberühren; alles Vertraute in Dunkelheit aufgelöst, und an seiner Stelle nur ferne Lichter, die im

Wasser nachzittern, und mächtige Schattenformen wie von Ungeheuern, die mit roten und grünen Feueraugen in der Dunkelheit vorbeirauschen; man erkennt die Welt nicht wieder. Und doch ist auch dieses Wirklichkeit. Nur empfinden wir sie dann vor der Neuheit ihrer Erscheinungsform auf Augenblicke, als was sie ist: als das Fremde, Gewalt- und Geheimnisvolle, von dessen Wesen nur das sicher ist, daß es uns zu vernichten und verschlingen trachtet.

New York, im Oktober 1896.

New York ist schön durch die Gewalt, mit der das Leben hier zu den Sinnen spricht. Seine Schönheit gleicht der von hohen Gebirgen oder mächtigen Strömen; sie ist sichtbare, unermeßliche Kraft, die hier wie dort ein Teil der Allkraft ist; aber statt der kosmischen und physikalischen Gewalten hier der Mensch.

Ein Bild, wie es die Brooklyner Brücke überblickt, bietet selbst London nicht. Einander gegenüber an den Ufern des Meeresarmes die beiden Millionenstädte New York und Brooklyn. Aus ihrer Dächerebene aufragend Fabrikschlote und Kirchenkuppeln, eiserne Brückengerüste und Häuserkolosse, die, bis zu zwanzig und mehr Stockwerken aufsteigend, um die Wette in die Höhe eifern; darüber noch, am Himmel, im Rauch, Reklamen. Und zwischen den Häusermassen, auf dem grünen Wasser, und soweit das Auge reicht bis jenseits des Mastenwaldes der Werften auf den glitzernden Gewässern des Außenhafens, Boote, Segler, Fähren, Dampfer, die hastig wie Menschen auf einem belebten Platz durcheinandereilen oder geraden Kurses, von langen Dampfschweifen begleitet, hinausfahren auf die hohe See.

Dieses Leben nimmt noch immer und immer schneller zu; von Jahr zu Jahr mehr Menschen, mehr Hast, mehr Luxus und auch mehr Armut. Auf Broadway wird man jetzt von armen, hungrigen Wesen mit großen Augen leise angebettelt, daß es wehtut. – Wenn man dann von der Straße aus eine der Kirchen betritt, durch deren von Lafarge oder Tiffany geschaffene Fenster das Licht farbig und matt wie in einen Gralstempel fällt, so weiß man, was hier das stete Wachsen der Kirchenmacht zu bedeuten hat, das für so vieles und so verschiedenes Symptom sein kann. Dieses ästhetische Christentum ist keine Blüte von der Kraft, die sich draußen in Nerven und Stahl entfaltet, sondern im Gegenteil ein Anzeichen für die Art von Gefahr, die das Bittererwerden des Daseinskampfes für jenes Leben in sich schließt. Der »Amerikanismus« droht nicht das Ideal zu zerstören; denn das ist auf dieser Erde so unzerstörbar wie das Leiden, in dem es wurzelt. Sondern die Gefahr ist, daß sich das Streben nach dem Ideal von der Arbeit um das tägliche Brot trenne und daß das praktische Leben infolgedessen langsam erstarre. Dann sammelt sich die Kraft der menschlichen Sehnsucht neben und außerhalb der »Welt«, um irgendwann als neuer Glaube oder Revolution den blutleer gewordenen Gesellschaftskörper zu zertrümmern.

New Orleans, im November 1896.

New Orleans erweckt eine eigentümliche Mischung von altweltlicher Sympathie und neuweltlicher Verwunderung. Es ist die unamerikanischste aller amerikanischen

Städte, die einzige, die nicht in einer geträumten Zukunft, sondern in einer traumhaften Vergangenheit lebt. Hier werden einem nicht zuerst die Banken, die Fabriken, die mächtigen Warenhäuser, das Getriebe der Straßen und der Schiffsverkehr des Hafens gezeigt, sondern das französische Viertel, das noch so steht wie zur Zeit, als dort Rothäute mit gepuderten Marquis unterhandelten und die verbannten Mätressen von Louis' XV. Höflingen mit spanischen Piraten und mexicanischen Abenteurern zusammen seine Straßen bevölkerten. Der Geist Manons und ihres Chevaliers scheint noch über der Stadt zu schweben. Alte weißgetünchte Häuser mit grünen Fensterläden drängen sich an engen Gassen; Balkone und Portiken überdachen, auf Säulen gestützt, den Fußsteig; auf den Fensterbrüstungen leistet hier und dort eine mager aussehende Topfpflanze einem alten Hemde, das in der Sonne trocknet, Gesellschaft. Oder wieder die Straßen sind weite Alleen; Rasen läuft in der Mitte entlang, und mächtige Bäume werfen ihren Schatten auf den Weg; zu beiden Seiten liegen Gärten; Orangen leuchten im Laube, und Palmen wiegen ihre Kronen im Winde. Es gibt da romantisch-altmodische Ecken von ganz eigentümlichem Reize. Ich entsinne mich eines alten, weitläufig gebauten Hauses inmitten eines großen, vernachlässigten, üppig wuchernden Tropengartens. Die grünen Läden hingen morsch in ihren Angeln vor den hohen Flügelfenstern; die Tünche war vor Alter goldiggelb geworden; ein Rosenstock wuchs an der Mauer zu einer offenen Loggia empor und überschattete sie mit seinen hellroten Blüten, und das Haus schien ganz menschenleer in der Mittagsstille. Aber in die große Veranda oder in die kühlen Galerien träumte man sich eine

Sagrariokapelle in Mexico

Kreolin hinein, wie man sie hier auf den Familienbildern aus den vierziger Jahren sieht, mit dunklen Augen, tiefroten Lippen und glänzendem glattgekämmtem schwarzem Haar, im weißen Musselinkleide, lässig in der Mittaghitze ruhend.

Ernst und schön wie der südliche Herbst ist hier auch der Tod. Auf den Kirchhöfen sind die Gräber weiße Marmorsarkophage, die in langen Reihen an Alleen unter Lorbeerbäumen aufgestellt sind. Darüber leuchtet dunkelblau der Himmel. Von einzelnen Bäumen hängt das lange, lianenartige tropische Moos herunter und schwebt im Winde langsam hin und her; in der großen ernsten Stimmung ein weicher lyrischer Ton, eine ferne Erinnerung an die Trauerweide, aber weniger weiblich in den herben Akkord des Ganzen hineinklingend.

Von New Orleans nach Mexico,
8./10. November 1896.

Von New Orleans bis Mexico fährt der Express siebzig Stunden.

Zuerst durchschneidet er die endlose Gras- und Parkebene von Texas, neues, kaum erschlossenes Gebiet; nur selten unterbrechen Zucker- oder Baumwollpflanzungen die große Weide; Cowboys galoppieren neben dem Zuge her. Das Land rollt in sanften Wellen zum Horizonte hin, und darüber wölbt sich der Himmel klar und riesengroß wie über dem Ozean.

Am nächsten Morgen erwacht man auf dem Hochplateau der Kordilleren. Von der wirbelnden Jagd durch das dürre, wilde Land haften im Gedächtnis nur einzelne Eindrücke: – die zackige Kahlheit der fernen Gebirge, die zu beiden Seiten die Hochebene begrenzen und auf deren Hängen die Farben in ewigem Wandel von den aschgrauen und violetten Tönen der Dämmerung durch die blaue Mittagsglut und des Abends Feuer und Purpur zur endlichen Nacht ewig dahinschwinden; – die Vegetation: Riesenkakteen, Stechpalmen, Orgelbäume, Wesen, deren Form der Dunst bestimmt und die wie die Pflanzenwelt eines fremden, älteren Sternes zwischen den glühenden Felsen des Hochlands stehen; – die Indianerstämme, die sich in braunen, würfelförmigen Lehmhütten in der Wüste an der Bahn angesiedelt haben und deren Weiber und Kinder zerlumpt wie Zigeuner und bettelnd an den Zug kommen. – An den Bahnhofsbüfetts bedienen Chinesen. Ihre kleinen sauberen Bahnhofshotels stehen, von Veranden umgeben, in blühenden Gärten, die die chinesische Geduld dem Sande abgerungen hat und deren Jasmin und bunte Winden inmitten der rauhen Starrheit der einheimischen Pflanzen ebenso fremd erscheinen wie die schmächtigen, dirnenhaften Chinesenkellner unter der dunklen Wüstenbevölkerung. – Eine neue Seelenwelt beginnt sich einem in allem, was man wahrnimmt, aufzutun, in den Gebärden der Menschen, im Gesichtsausdruck, im Tonfall der Sprache, ebenso wie in den grellen Mänteln und Kopftüchern der Frauen oder im phantastisch-komischen Namen der Herberge im Ausflugsort Tula: Tienda a las delicias del amor (Hotel zu den Wonnen der Liebe).

Am zweiten Tage erscheinen inmitten der Dürre die ersten Anzeichen spanischer Kultur. In der Ferne liegen Städte mit ihren Kirchtürmen weiß in Palmen- und Akaziengärten. Dichte Bananenhaine wechseln mit Zuckerpflanzungen und Alpenmatten ab. Und immer wird die sanft an- und abschwellende Hochebene zu beiden Seiten vom doppelten Zug der Kordilleren begleitet, auf deren Schluchten mittags die großen Schatten wie schwarzer Sammet unter den lichtblau glimmenden Spitzen ruhen. Abends aber erscheinen endlich über der Gebirgswelt die Gletschermassen der großen Vulkane, die das Tal von Mexico nach Süden begrenzen. Weltfremd und wunderbar einsam erglänzt ihr Schnee durch die Magnolien des tropischen Waldes, bis die Welt unten in Nacht verlischt und nur noch die Vulkangipfel wie rotglühende Silberkuppeln am klaren Himmel stehen.

II

Mexico, November 1896.

Die ersten Tage habe ich es dem Zufall überlassen, mich zu führen. Aus Gelegenheitseindrücken bildet sich langsam ein Instinkt für das, was am neuen Lande dem eigenen Ich von Wert sein kann, für die Art der lebendigen Berührung, die zwischen beiden möglich ist.

Das Auge empfindet zuerst von der Stadt nur die Gewalt der Farben und des tropischen Lichts in der Höhenklarheit. Daneben verschwindet die Eintönigkeit des Stadtplans, den noch die vizeköniglich spanische Beamtenschaft im papierenen Stil geradwinkelig reguliert hat; und auch die nordamerikanische Häßlichkeit der Telegraphenstangen auf den Trottoirs und der Trambahnen, die hier nicht nur den Verkehr des Publikums vermitteln, sondern es unternommen haben, in besonderen, schwarz gestrichenen Wagen zu billigen Preisen Leichen zu befördern. Die Menschenmenge, die alles farbig umflutet, die helle, rosenrote oder zartblaue Tünche der Häuser, um die das Licht beständig vibriert, die fernen Gletscher mit ihren bald mächtiger, bald nur blaß leuchtenden Firnen, und darüber ein Himmel, dessen Ton und Tiefe fortwährend wechseln, schaffen eine Bewegung von Farben und Reflexen, die wie ein Spiel das Auge beschäftigt.

Diese Macht des Lichts könnte an den Gebäuden die Architektur fast ersetzen; sie gliedern sich selbst durch den Färbungsgegensatz ihrer oberen Teile zu den unteren. Unten grenzen die Schatten, weil wenig indirektes Licht sie trifft, an stechend Hellem tiefschwarz; oben, wie mit der wachsenden Höhe Reflexe und diffuse Helligkeit sich mehren, zerfließen sie zu durchsichtiger Farbigkeit. So bauen sich nach oben zu die Töne immer unbestimmter und zarter auf; fast Immaterielles ruht auf Massivem. Die Betonung des Baugerippes, die im blassen nordischen Tag des Architekten Hauptsorge ist, weil dort nichts anderes den Aufbau verdeutlichen kann, tritt hinter der Kunst zurück, die Lichtfülle in ihrem natürlichen Spiel zu unterstützen. Der Lichtton wird an Stelle von Linie und Masse zum Ausdrucksmittel des Architekten, die Architektur malerisch statt konstruktiv.

Die Möglichkeiten, die die einzig umfangreiche Skala von Brechungstönen des tropischen Höhenlichts bietet, haben die spanisch-mexicanischen Architekten mit dem Raffinement der Dekadenz ausgenutzt. An den Kirchen, die ihre Hauptaufgabe waren, genießt man dank ihrer Kunst das Licht, das auf den Gebirgen so machtvoll wandelt, in zarten und reizenden Harmonien, für die diese Lichtvirtuosen das Auge noch empfindlicher machen durch den Gegensatz, in den sie das luftige Farbengewebe ihrer Ornamentik zum kräftigen Hell und Dunkel von schmucklosen Flächen bringen. Die Gotik, die sich, wahrscheinlich aus Routine, weil konstruktive Probleme gleichgültig ließen, bis in dieses Jahrhundert als Norm des Bauorganismus im Entwurf des Höhen- und Grundrisses, der Gewölbe und der Stützen gehalten hat, bietet an den kahlgelassenen Seitenmauern und inneren Gewölben Flächen, auf denen Licht und Schatten in großen Massen ruhig abwechseln. Im Gegensatz zu diesen breiten Steinflächen tritt an einem willkürlich begrenzten Ausschnitt der Fassade und in den Innenkapellen die Ornamentik hervor; und diese bevorzugt die wirren Formen des späten Barock. Hier verschwindet der Bauorganismus unter Prunkverzierungen, nicht, wie bei Bach ein Thema in die Polyphonie einer Fuge aufgeht, sondern spurlos, wie die Melodie von einer Koloratur unterbrochen wird; und der phantastische Reichtum dieses Beiwerks legt vom Geiste der Kirche um den Ausgang der Gegenreformation Zeugnis ab. Leisten und Säulchen, Girlanden und Linienverschlingungen steigen, von unten nach oben immer zahlreicher, über den Portalen auf. Steinknaufe hängen reich ziseliert in Reihen wie Stalaktiten herunter. Dazwischen aber blicken Engelsköpfe lächelnd empor und öffnen sich Nischen, in denen verzückte Heilige himmelwärts schauen. Zweideutige Attribute, die ebensogut Symbole der weltlichen wie der himmlischen Liebe sein könnten, mischen sich in das nervöse Gewirr der Verzierungen; Tauben und Herzen, Amoretten und Rosen überziehen die Fassade im Netze der Arabesken, fein gemeißelt und im Lichte fast durchsichtig wie die Spitzenschleier, die zur selben Zeit in Mecheln und Venedig für Kurtisanenschleppen und Prälatengewänder geklöppelt wurden. Fliesenhöfe, die als Reflektoren wirken, verstärken die Kraft des auf die Fassade fallenden Lichtes. Die Bauglieder und die Zieraten sind mit elfenbeinfarbenem Stuck überzogen: der Akkord wechselt mit den Tageszeiten vom Nebeneinander von leuchtendem Weiß und sammetartigem Schwarz zum zartesten Verschwimmen von blaßgelben in bläuliche Töne. – Drinnen überschüttet dieselbe Üppigkeit an Schnörkeln und Emblemen, an Blumen und Flügelfiguren wie aus Füllhörnern die Kapellen und die Altäre: aber hier vergoldet. Mit der wachsenden Tageshelligkeit geht der kühle und gleichmäßige Schein des alten Goldes in metallisch blanke, gelbe und falbrote Reflexe über. – Und diese raffinierte Kleinpracht, die noch das Parfüm des Liebes- und Hoflebens der großen, verzärtelten Kirchenfürsten des achtzehnten Jahrhunderts bewahrt, wird von gotischen Bauformen kraftvoll und altväterisch getragen. Wie ein Rahmen umgeben ihre breiten Licht- und Schattenflächen das verzwickte Gewirr von Reflexen und Halbtönen. Nicht der Flamboyant- und nicht der Tudor-Stil, sondern diese subtile und fast pervers reizende Zwitterkunst ist die letzte Dekadenz des großen nordischen Stils gewesen. – Das Bild, das ein alter Künstler Vilalpando vom Innern der Bethlehemiterkirche gemalt hat, bezeugt, wie raffiniert die Zeitgenossen die blitzende Unruhe des Goldes inmitten der großen und ernsten gotischen Steinformen empfanden. Es war eine Kunst für farbensatte und müde Augen, verwandt mit der von Coello und Velasquez.

Mexico, den 13. November 1896.

Wir sind heute morgen zum Blumenmarkt am Vigakanal hinausgefahren. Hier legen die Landleute an, die auf dem Wasserwege ihr Gemüse und ihre Blumen zur Stadt bringen; die schwimmenden Gärten, die Mexico mit Blumen versorgen, die Chinampas, liegen draußen im See, der zu Cortez' Zeiten die Stadt zur Insel machte, jetzt aber zum größten Teil trockengelegt ist. Man fährt auf der Viga in flachen, mit Sonnendächern versehenen Gondeln zu ihnen hinaus. Eine Weidenallee läuft am Kanal entlang; jenseits sind grüne Wiesen und die zerzackten Züge des Hochgebirges. Das Wasser steht bis an den Rand der Uferböschungen, von alten niedrigen Steinbrücken überspannt, an denen noch Reste von spanischen Wappen stehen; beim Durchfahren klappt man das Schutzdach nieder und streckt sich lang hin, um nicht anzustoßen. Bananendickichte, die die Hütten der Eingeborenen umgeben, beschatten bei den Dörfern, die am Wege liegen, den Wasserspiegel.

Die Chinampas waren ursprünglich bewegliche, mit Erde bedeckte Flöße: der ganze Garten fuhr morgens zu Markte; jetzt liegen sie auf dem Boden des Sees fest verankert. Schmale, labyrinthartig sich kreuzende Kanäle trennen die kleinen Schlammparzellen. Auf jedem Stückchen wird in winzigen Beeten nebeneinander verschiedenes buntes Kraut gebaut; und am Wasserrande wachsen wild Veilchen, Iris und roter Mohn.

Die Blumenliebe ist in Mexico fast so groß wie in Japan; selbst die Armen schmücken ihre Kammern mit Blumen und streuen Blüten ihren Schutzheiligen. Die Chinampas sind vielleicht zum Teil aus diesem Grunde das Ausflugsziel des niederen Volkes von Mexico geworden. Im Dörfchen Santa Anita legen die Gesellschaften an. Der Ort besteht zum größten Teile aus Pulque-Wirtschaften und offenen Rasthütten aus Bambus unter Palmen und Nopalsträuchern. Hier wird tagsüber Ball gespielt und Pulque, das fade, seimige Nationalgetränk, gezecht. Des Abends aber, in der Dunkelheit, fahren die Boote zu Dutzenden, mit Lampions behängt, den Kanal hinunter zur Stadt zurück. Männer lachen in den Gondeln oder singen mit weicher, tiefer Stimme schwermütige Lieder, und Mädchen mit hellen Blumenkränzen im Haar lehnen sich über den Bootsrand hinaus und lassen die Hand in den lauen Wellen nachschleifen.

Mexico, den 22. November 1896.

Was hier interessiert, ist der tropische Mensch und die tropische Menschengesellschaft: die Psychologie des einzelnen und des Volksganzen in einem heißen Lande; kulturell, auch das Widerspiel der gegenseitigen Veränderung und Anpassung zwischen einem Volk und einer fremden, ihm aus allen Stücken aufgezwungenen Zivilisation; und schließlich das Rassenproblem, die Mischrasse.

Heute nachmittag beim Korso habe ich mir die Frauen der Gesellschaft angesehen. Der Typus ist nicht hübsch, keine Figur und kein Teint; aber viel Schminke, die Kleider bunt, und Hüte, die in Paris nur Kokotten tragen. Man fühlt, daß hier die, die etwas gelten wollen, aufzufallen suchen; sie scheinen zu fürchten, daß man sie übersehen könnte. Was für Brillanten ausgegeben wird, ist unglaublich, und auch die Art der Anschaffung; ein großer Juwelier in der San-Francisco-Straße ist an den Abzahlungsgeschäften, die er mit Frauen aus der Gesellschaft macht, reich geworden. – Die Rasse ist bei diesen oberen Vierhundert noch ziemlich rein, aber überzüchtet. Die Männer werden früh schwerfällig: kleine Knochen und viel Fett; als junge Herren sind sie schmächtig und parfümiert.

Im Volk überwiegt indianisches Blut; reines und gemischtes. Die reinen Indianer gleichen mit ihren großen vorstehenden Backenknochen dunklen Mongolen. Bei den Mischlingen, namentlich bei den Frauen, ist der Gesichtsschnitt oft vornehm, fast römisch; eine kleine, edel gebogene Adlernase, hochgewölbte Augenbrauen und unter langen Wimpern dunkle Augen; die Haut ist ambrafarben und fest und trocken wie schwere Seide; der Körper schlank und von zierlichen Gliedmaßen.

Der Mensch ist hier kräftig, aber nicht gesund. – Ein Packträger läuft dreiviertel Stunden lang einem fahrenden Wagen nach; die Lastenträger im Gebirge leisten fast Wunderbares; Kraft und Gewandtheit sind auch die Eigenschaften, die das Nationalspiel, Peloto, vor allem erfordert. Und doch sind Blutarme und Lungenkranke abnorm zahlreich. In der Hauptstadt werden neun Zehntel der Kinder kein Jahr alt. Der Weltreisende einer nordamerikanischen Lebertranfabrik sagt mir, daß er nirgends bessere Geschäfte mache als in Mexico; in einem Jahre eine Absatzsteigerung von fünfundzwanzig Prozent. – Man muß bedenken, daß das tropische Klima in jedem Individuum gleich in den ersten Lebensjahren wie in einer Treibhauspflanze alle Kräfte und Triebe mit der größten Gewalt entwickelt und dadurch schnell erschöpft. Jede neue Generation fängt mit einem geringeren Grundkapital an, weil mehr verbraucht als ersetzt worden ist. Die Folge ist eine Art von zugleich angestammter und in jedem einzelnen wieder neuentwikkelter physiologischer Trägheit, die mit dem Einfluß des Klimas wächst, in den heißen Strichen an der Küste am stärksten sein soll. Der Körper widersteht den Krankheitskeimen schwerer, weil die Reaktion dagegen, wenn sie eindringen, ausbleibt oder zu schwach ist.

Psychologisch entspricht diesem Körperzustand eine

Schwächung des Willens und der Nervenempfindlichkeit. Die Freiheit von Nervosität, die jeder unentwickelten Rasse eigen ist, steigert sich bis zur Stumpfheit, selbst dem Schmerz gegenüber. B. hat, wie er mir sagt, vor einigen Tagen einen Arbeiter, der auf einem Rancho verunglückt war, mit zerschlagenen Gliedern vierundzwanzig Stunden auf einem federlosen Karren zum nächsten Arzt über Land gefahren; und der Mann hat dabei weder geklagt noch die Besinnung verloren. Kranke lassen hier lautlos die schmerzhaftesten chirurgischen Eingriffe ohne Chloroform an sich vollziehen und werden dabei nicht einmal ohnmächtig. Sie leiden weniger als Europäer und bleiben bei Besinnung.

Ich glaube, daß diese Trägheit des Nervensystems eine von den Tatsachen ist, die die Psychologie des Mexicaners am meisten beeinflussen; man kann ihre modifizierende Wirkung durch alle Gebiete des individuellen und des gesellschaftlichen Lebens verfolgen, von dem Geschmack der Speisen und den Farben der Kleidung an bis zu den Bedingungen, unter denen hier die menschliche Gesellschaft besteht, und bis zu der Art von Symbolen, die in Mexico von der Kunst und den Religionen zu allen Zeiten bevorzugt worden sind. Obgleich es wahrscheinlich innerlichere Unterschiede gibt, erscheint mir diese Nerventrägheit vorläufig wie ein Leitmotiv, das, immer wieder transponiert, am auffälligsten die Verschiedenheit des tropischen vom europäischen Menschen zugleich ausdrückt und begründet.

Die Sinne des Mexicaners vibrieren unter Eindrücken schwächer und pflanzen Empfindungen gedämpfter fort als die des Europäers; seine Kleider sind grell, seine Gebärden eindringlich, das Essen besteht aus faden Abkochungen von Bohnen oder Mais mit den schärfsten Knoblauch- oder Pfefferzutaten. Zwischen den verschiedenen Gesellschaftsschichten bemerkt man in der Nervenstumpfheit keinen Unterschied. Der Opernzettel zeigt nicht einfach an, daß die und die Oper aufgeführt werden soll, sondern heute wird la grandiosa opera in cuatro actos del sublime maëstro Billini ›I Puritani‹ gegeben. Das ist für die oberen Klassen. Für die unteren zeugen die Reklamen, die Namen und Schilder der Butiken und Kneipen. Diese wenden sich nicht wie in Nordamerika an den Verstand und den Geldbeutel – das würde den Mexicaner nicht schnell genug packen –, sondern vertrauen auf Buntheit der Farben und auf pomphafte Inschriften, in denen die Liebe abwechselnd mit zweideutigen und sensationell aufgedonnerten Literaturreminiszenzen zum Scharfmachen dient. Eine fürchterlich bunte und schmutzige Spelunke, in der, Gott weiß, was getrieben wird, heißt »al Recreo de Fausto«: zu Faustens Erholung; draußen ist Gretchen als Gounodsche Primadonna abgemalt, wie sie Faust, einen süßlich blonden Jüngling, dessen Vollbart üppig gelockt ist, hingegeben umarmt; beide Figuren überlebensgroß und in stechenden Farben. Der symbolische Sinn dieser Freske ist nicht mißzuverstehen.

Die Heftigkeit der Erschütterungen, denen die Sinne beständig künstlich und natürlich hier ausgesetzt sind, vor allem die Gewalt des Lichts, verstärken noch die Wirkungen der immanenten Trägheit, indem sie die Sinne fortgesetzt noch mehr ermüden. In ihrer Abgespanntheit lernen die Nerven alle normalen Eindrücke mißachten und wenden sich nur noch solchen zu, die durch Ungewohntes ihre Aufmerksamkeit reizen. Anormal sind aber nicht nur ungewöhnlich starke, sondern auch ungewöhnlich leise Eindrücke. So mag es sich erklären, daß man hier nebeneinander Dinge findet, die auf die beiden Extreme der Sinnenempfindlichkeit berechnet scheinen: auf die äußerste Reizbarkeit der Nerven, die nur im Wahrnehmen der feinsten Schattierungen des Tones, der Farbe und des Lichtes noch Genüge findet, ebenso wie auf die äußerste Stumpfheit der Empfindung, die durch die heftigsten und rohesten Stöße erweckt werden will; die Zwillingserscheinungen der Dekadenz treten hier als Folgen des Klimas und des Sonnenlichts ein. Die feinorganisierten Naturen lassen sich nur durch die ungewohnten ganz zarten und leisen Berührungen noch reizen, während die gröberen, widerstandsfähigeren eine Steigerung der gewohnten Eindrücke verlangen; es ist, wie in der Musik der Geschmack, je nachdem, von Wagner zu Mascagni oder zu Mozart, wenn nicht zu Bizet übergeht. Welches bevorzugt wird, entscheidet vielleicht nicht immer einmal die psychologische Grundanlage, sondern wie beim Kulturdekadenten oft die Stimmung, der momentane Grad der Ermattung oder auch ganz einfach die Qualität des Eindrucks, wenn nur seine Stärke anormal ist.

In der Kunst, der Urkunde, die von den Sinnen eines Volkes immer am unzweideutigsten Rechenschaft gibt, erscheint diese Nerventrägheit aktiv als Ursache dürftiger Naturbeobachtung und passiv als Grund für die Art der bevorzugten Reize. – Die mexicanischen Urrassen sind trotz ihrer Technik nie dazu gelangt, den menschlichen Körper proportioniert und organisch zu bilden – der Begriff des Organismus scheint ihnen gefehlt zu haben –, und von den Späteren habe ich nicht eine Landschaft gesehen, die das Land hier charakteristisch erfaßt; mit Palmen und Bergen ist alles getan. – Die Wirkungsmittel entsprechen nur in den vorspanischen Ornamenten einem normalen Empfinden; bei diesen tritt die Nervenstumpfheit weniger zutage; wahrscheinlich weil Muster nicht durch Farbe oder Lichtwirkungen reizen, sondern wie der Anblick von Tanzbewegungen Genuß durch eine rhythmisch raffinierte Gymnastik der Augenmuskeln verschaffen, also auf denjenigen Bestandteil des Gesichtssinnes berechnet sind, dessen Empfindungsvermögen von der Sonnenstärke am wenigsten beeinflußt werden konnte; sie sind in den Linien und Umrissen zart und zugleich mächtig durch die sicher berechnete Flächenwirkung; insofern psychologisch mit denen Japans verwandt; die Phantastik, in ein rhythmisch geregeltes Spiel von Linien und Flecken aufgelöst, hört auf, den Geist zu verwirren, weil sich sein Vorstellungsinhalt nach den Gesetzen des Auges ordnet. – Alles andre in der mexicanischen Kunst wendet sich an die beiden Pole der dekadenten Empfindlichkeit, ist überleise oder überlaut. Die architektonischen Ornamente, die ja nicht Muster sind, sondern Mittel, um das Licht zu brechen, gehen in spanischer Zeit auf Reize allerfeinster und zartester Art; die Malerei verliert sich, seitdem die ersten Eroberer sie eingeführt haben, immer mehr in wüste und abgeschmackte Farbendissonanzen. Nichts gibt in den Mangel an normaler Sinnenfeinheit des Mexicaners einen klareren Einblick als die Geschichte der Malerei hier, wie sie die Bildersammlung der Akademie lehrt. Die frühesten Werke, die des siebzehnten Jahrhunderts, sind gut, weil sie noch europäisch und wenig selbständig sind; und unter diesen die besten die des Luis Juarez, dessen naiv treuherzige und dabei in spanische Farbenglut gekleidete Darstellungen durch den Zauber, den ihr Zwiespalt ausübt, an die Arbeiten erinnern, die Florentiner Quattrocentisten spät unter des Sarto Einfluß schufen. Schon Miguel Cabrera im achtzehnten Jahrhundert, ein Vollblutindianer, der hier als Hauptmeister gilt und zwischen Murillo und Guido Reni hin- und herschwankt, hat das koloristische Gefühl fast verloren, ist akademisch, ohne zivilisiert zu sein. Die Werke des neunzehnten Jahrhunderts sind nicht zu beschreiben; in der ersten Hälfte in den Farben düsseldorfisch platt und zusammenhanglos; später frei nach Delaroche historisch-realistisch und kraß: Cortez vor Montezuma, die Folterung Guatemocs, Pinselpatriotismus in Farbendissonanzen. Eine des Velasquez würdige Doña Maria de Austria von Carreño und ein »Ave, gratia plena!« von Overbeck, ein Jugendwerk von bestrickender Frische und Anmut, wiegen den ganzen mexicanischen Tand der Galerie bis auf einiges von Juarez auf.

Wie baut sich auf solchen Sinnen die Phantasie auf? – Bis zu einem gewissen Grade lehrt auch dieses die Kunst. Man sieht gleich, daß die altmexicanischen Künstler, wo sie zur Phantasie reden wollen, die Reize so stark und so zahlreich wie möglich wählen; Grimasse und Wiederholung sind ihre beliebtesten Ausdrucksmittel; man darf daraus schließen, daß der natürliche und einmalige Ausdruck für die, zu denen geredet werden sollte, nicht stark genug war. Infolgedessen sind die mythologischen Bildwerke, wo man sie nicht als Ornamente, sondern als Schilderungen anschauen muß, so überladen, solche Gewirre von Menschen- und Tierleibern, von symbolischen Zeichen und einzelnen Gliedmaßen, daß, was schrecklich und erhaben gemeint war, nur grotesk oder als Parodie wirkt. Die Verwandtschaft zwischen diesen Werken und den modernen mexicanischen Heiligen- und Märtyrerbildern, die durch ein möglichst reiches Gemisch von scheußlichen Wunden und billigem Flitter zu erschüttern versuchen, beweist, daß hier ein Rassenbedürfnis vorliegt. Man fühlt, daß die Unempfindlichkeit gegen Phantasievorstellungen und ihre Dissonanzen ebenso groß ist wie die gegen Farben und Farbenkontraste und wahrscheinlich aus demselben Grunde, das heißt, weil die Phantasiegebilde ebenso wie die Bilder der Außenwelt nur blaß ins Bewußtsein dringen oder, richtiger, nur widerwillig von trägen Nerven geschaffen werden. – Man möchte von der Kunst auf diejenigen Gebiete der Phantasie schließen, welche von den Sinnen und der Außenwelt unabhängiger als die Kunst sind. Ich fühle selbst, wie unsicher jeder Versuch ist, dieses ausschließlich innere Leben zu erraten. Am deutlichsten noch müßte den Einfluß der Nerventrägheit auf diese rein innere Phantasie das zeigen, was der Mann der Frau und dem Tode gegenüber empfindet, weil die Liebe und die Todesfurcht von der Phantasie, wenn sie entwickelt ist, am meisten abhängig sind und daher am hellsten das innere Gesicht der Seele beleuchten. Doch wie in Ermangelung einer modernen urwüchsigen, von Europa und Bourget unbeeinflußten Literatur über dieses Intimste in so kurzer Zeit mehr als Fragmente sammeln? Mir scheint es, als bringe der Mexicaner der Frau mehr Leidenschaft als Liebe, also mehr Instinkt als Phantasie entgegen. Er vergleicht in seinen Liebesliedern wie der Orientale ihre Schönheit eher mit äußeren, sinnlichen Dingen, als daß er sich wie der Nordeuropäer an Seelenreichtum, den er ihr andichtet, zu berauschen suchte. Und dem Tode gegenüber sind ebenso die Roheit wie die Gleichgültigkeit überraschend. Die mit Leichen besetzten Pferdebahnwagen stimmen zum übrigen. Neulich spielte O., ein bekannter Weltmann aus guter Familie, während wir wußten, daß seine Frau im Sterben liege, eine Partie Peloto zu Ende; niemand schien daran Anstoß zu nehmen. Nicht selten kommt es vor, daß im Volk eine Mutter sich beim Totenmahl ihres Kindes betrinkt. Und die Regierung hat auf dem Kirchhof von San Fernando dem Präsidenten Juarez unmittelbar neben den Gräbern seiner Opfer, der mit Maximilian erschossenen Generale Mejía und Miramón, ein Prunkgrabmal errichten lassen. Ein neues Regime würde bei uns eine solche Taktlosigkeit scheuen. Hier hat sie niemand bemerkt. – Vielleicht folgt auch der Mangel an Humor aus der Armut des Innenlebens; Phantasievorstellungen fehlen, die zum bittersüßen Verschmelzen mit der Wirklichkeit auftauchen.

Es ist leicht einzusehen, wie der Wille, ganz abgesehen von seiner direkten Schwächung durch das Klima, von dieser Stumpfheit der Sinne und der Phantasie sowohl in der Motivierung seines äußeren Handelns wie in seinem inneren Selbstbewußtsein beeinflußt werden muß.

Wunschlosigkeit und Leidenschaft wechseln hier jäh, weil nur wenige Ziele im Bewußtsein bis zu der Deutlichkeit anwachsen, daß sie wirklich gewünscht werden; diese dann aber in der Seele keine oder nur wenige Rivalen in Gestalt von anderen Zielen finden, die ihnen das Gleichgewicht halten könnten; fast die ganze Kraft des Wollens fließt jedesmal einem Wunsche zu. Die größere Leidenschaftlichkeit beruht nicht auf stärkeren Trieben, sondern auf einem geminderten inneren Gleichgewicht infolge der geringen Zahl von Vorstellungen. Aber dieses heftige Wünschen überdauert nicht lange den Eindruck, der es hervorgerufen hat; es schwindet schnell, als ob Gedächtnis und Phantasie zu träge wären, um die Vorstellung in ihrer ersten Deutlichkeit festzuhalten. – Und aus denselben Gründen richtet sich das Wünschen in den meisten Fällen auf Vorteile in der unmittelbaren Zukunft; entfernte Ziele sind am wenigsten geeignet, zum deutlichen Bewußtsein durchzudringen, weil ihr sinnlicher Eindruck gewöhnlich nur schwach ist und weil Phantasie gebraucht wird, um sie deutlich zu erfassen. Während der Mexicaner sich also nahen Befriedigungen zügellos hingibt, lassen ihn entfernte Vorteile meistens kalt. Typisch für diese Willensanlage ist sein Verhalten zum Gelde. Um geringe Lohnerhöhungen laufen Dienstboten, die zwanzig Jahre in einer Familie gedient haben, ohne Kündigung plötzlich davon. Ein Politiker, der zur Macht gelangt, versucht, wenn die Verhältnisse es gestatten, das heißt seit achtzig Jahren fast immer, möglichst schnell möglichst viel zusammenzuerpressen, obgleich er weiß, daß er sich dadurch sogar hier eine dauernde Karriere abschneidet; der vorige Finanzminister konnte in acht Jahren bei achttausend Talern Gehalt sechs Millionen beiseite bringen, und der vorige Präsident hat die Barbestände der staatlich garantierten Sparkassenbank so lange als Taschengeld verwendet, bis das Institut verkrachte. Studenten, die keine Aussicht hatten, bald als Politiker durchzudringen, pflegten, wenn sie körperlich und geistig gut veranlagt waren, die Brigantenlaufbahn einzuschlagen, und erreichten so ebenso schnell wie die Politiker die Macht, eine Zeitlang das Publikum zu plündern. Folgerichtig ist das Hasardspiel in jeder Gestalt eine Nationalleidenschaft, vom Bakkarat bis zum Lotto hinab. Und doch zeigt der Durchschnittsmexicaner eine große Gleichgültigkeit gegen jeden Verdienst, der über das hinausgeht, was er in der nächsten Zeit verwenden kann. Ihm fehlt zum Kapitalisten, umgekehrt wie dem Juden, das Ausharren im Wollen, eine gewisse Fähigkeit der Selbstverleugnung und die vorweggenießende Phantasie.

Das Selbstbewußtsein leidet unter der Schwäche der inneren Vorstellungswelt dadurch, daß, auch wenn der Instinkt noch intakt ist, die Persönlichkeit sich doch selber schwächer sieht, schwächer empfindet. Eine von den Folgen ist, daß die Eitelkeit häufiger als der Stolz zum Motiv des Wollens wird. Denn der Stolz ist der zum Genuß gewordene Abschluß der Persönlichkeit gegen die Außenwelt, die Eitelkeit die zum Bedürfnis gewordene Bejahung und Unterstützung der Persönlichkeit durch die Außenwelt. Während dem Stolzen als Motive oder als Lohn seiner Handlungen seine selbstgeschaffenen Vorstellungen und Phantasiegebilde genügen, bedarf der Eitle der Reize von außen, der Belohnung und Bewunderung durch andere; sein Ich hat Krücken nötig. N., ein europäischer Arzt, der die Feldzüge Maximilians mitgemacht hat, hält daher trotz körperlicher Ausdauer und Disziplin vom mexicanischen Soldaten nichts; er sei zu schwer ins Feuer zu bringen, aber nicht aus Feigheit, sondern weil der Tod im Gliede, wie er meint, ihm keinen Ruhm bringe. Derselbe Mann, der im Gliede kneift, ist einzeln in der Erregung oder als Brigant, oder wenn er zum Tode verurteilt ist und erschossen wird, tapfer. Wenn es geht, hält er vor dem Sandhaufen noch eine Ansprache an die Exekutionsmannschaft. Er stellt sich dann vor, daß er als Held fällt, und vergißt über die momentane Befriedigung seiner Eitelkeit sogar halb den Tod.

Was der einzelne will, und wie stark er es will, das hauptsächlich bestimmt den Aufbau der Gesellschaft und ihre Seele. Da der Mexicaner andres und dieses andre anders als der Europäer will, so sind auch Körper und Seele der mexicanischen Gesellschaft von denen einer europäischen Volksgesamtheit verschieden.

Dem Körper fehlt, was die Grundlage der modern-europäischen Gesellschaftsform ist, die wirtschaftliche Einheit, das heißt der Stamm gemeinsamer wirtschaftlicher Interessen und der Umlauf von Wert- und Subsistenzmitteln, der wie die Blutzirkulation ein Volk zu einer Art von materiellem Organismus verbindet. Der Mexicaner läßt sein Leben nicht durch den weitsichtigen Egoismus bestimmen, der den Nordeuropäer antreibt, nach ruhigem und sicherem Erwerb zu streben, bei stetiger Arbeit auszuharren, seine Solidarität mit andren zu erkennen und der Achtung den Vorzug vor dem Ruhme zu geben. Weil also der Einheimische mit wenigen Ausnahmen weder den Wunsch noch die Gabe besitzt, einen komplizierten, auf langsamen und dauernden Erwerb gerichteten Betrieb zu leiten, liegen der Handel im großen und alle wichtigen Unternehmungen in der Hand von Ausländern, die mit ihrer eigenen Heimat in näherer wirtschaftlicher Verbindung als mit Mexico stehen. So fließt der größte Teil des Kapitals, das sich aus den Hilfsquellen des Landes bildet, nach außen ab, ohne daß das rasche Wachsen der Faktoren, die Reichtum schaffen, in irgendwelchem Verhältnis stünde zu der überaus langsam steigenden Kraft der Einheimischen, einen Teil dieses Reichtums für sich zu behalten; es ist fast, als ob die mexicanische Gesellschaft an den auf ihrem Gebiet sich abspielenden wirtschaftlichen Vorgängen gar nicht beteiligt wäre; Mexico ist darin noch heute typisch ein Kolonialland.

Aber der Mangel an einheimischem Kapital hat auch den Mangel an einheimischen Fabriken zur Folge; und da mexicanische Fabrikate fast fehlen, so tauschen entfernte Provinzen weniger Waren untereinander als mit Europa oder den Vereinigten Staaten aus; das Land fällt wirtschaftlich auseinander. Die besseren inneren Verbindungen allein können daran wenig ändern; die nordamerikanischen Einwanderer, die anfangen, Großbetriebe innerhalb des Landes hervorzurufen und für sich Eisenbahnen und Telegraphen, Bergwerke und Fabriken zu gründen, sitzen in Mexico nicht als Mitglieder der Volksgemeinschaft, sondern als mächtige mit allen Hilfsmitteln des neunzehnten Jahrhunderts ihre eigene Bereicherung verfolgende Einzelmenschen; sie sind eine Art von wirtschaftlichen Übermenschen inmitten einer Gesamtheit, die in ihrer Struktur vielleicht am meisten den Volkskörpern unseres Mittelalters gleicht; eine innere Einheit geben sie dem Volksganzen, das sie umspannen, vorläufig nicht. So besitzt das Wirtschaftliche für die Erkenntnis des Innenlebens der mexicanischen Gesellschaft eigentlich nur negativen Wert, und es sind fast ausschließlich Bande nicht naturalökonomischer, sondern ideeller und gewaltsamer Art, auf die die Aufmerksamkeit sich richten muß, um den Bau und den Geist des mexicanischen Volks zu erkennen. Unter diesen sind die, die es am kräftigsten kitten, die Kirche, das Nationalgefühl und die politische Gewaltherrschaft.

Die Macht der Kirche beruht hier auf anderen Grundlagen als dort, wo sie in Nordeuropa, etwa unter Flamen oder Westfalen, eine ähnlich große Gewalt wie hier ausübt. Ihre stärksten Stützen sind einerseits die nichtchristlichen, urindianischen Glaubenselemente, die von den alten vorspanischen Religionen übernommen worden sind, und andererseits der von ihr sorgfältig unterhaltene Glaube an ihre eigenen übernatürlichen Wirkungsmittel.

Die ersten Missionare haben nicht die Menschen allein, sondern auch deren Götter getauft, die nationalen Mythologien ins Christliche umgedeutet, die Tempel zerstört und die Kulte erhalten. Das vielleicht nur selten mit Berechnung, öfter – gerade weil sie die äußeren Zeichen des Heidentums so schonungslos vertilgt hatten – gedrängt durch das Volk, das dort, wo es einen Tempel gewohnt war, eine Kapelle verlangte, und wo es einem Gott geopfert hatte, wenigstens zu einem Heiligen beten wollte. Immer dasselbe naiv-schlaue Legendenschema ist es, nach dem sich hier die Tragikomödie allen Bekehrungswesens abspielt, die Geschichte, wie eine verehrungsbedürftige Madonna auf der verwüsteten Stätte eines alten Tempels einem frommen Indianer immer wieder so lange erscheint, bis der Bischof dort ein Gotteshaus zu bauen erlaubt. Weil die Kirche nur die äußeren Religionssymbole, aber nicht zugleich auch die religiösen Gewohnheiten des Volkes zerstören konnte, traten wie von selbst an die Stelle der vernichteten Andachtsobjekte christliche. Das Bedürfnis schuf sich das Symbol. Die Kirche hatte durch die Wandlung nur nackte Macht, das Christentum höchstens eine Anwartschaft auf späteres Eindringen gewonnen. Es ist typisch eine Bluttransfusion von einem Glauben zu einem anderen, ein Gleichbleiben der Substanz bei wechselnder Form, bis schließlich unter gewissen Umständen die Form wieder langsam auch die Substanz etwas verändert; eine Wandlung, die auf den Vorgang bei der Unterwerfung einer Rasse unter das Ideal eines anderen und auf die Möglichkeit, ein Volk zu ›bekehren‹, ein eigentümliches Licht wirft. Die Inbrunst aber, mit der die Eingeborenen an ihren nationalen Göttern hingen, ist dadurch dem Christentum gerettet worden.

Die Furcht, die die Kirche einflößt, besteht zum Teil aus der von den Priestern in Predigten und Gesprächen unterhaltenen abergläubischen Scheu vor geheimnisvollen und unwiderstehlichen, übernatürlichen Wesen und zum Teil aus der lebendigen Erinnerung an die sehr konkrete Macht der Inquisition, die noch in diesem Jahrhundert ihre Autodafés hier abgehalten hat. Der Gläubige hier unterscheidet nicht einmal, wenn ich richtig beobachtet habe, zwischen jener behaupteten übernatürlichen und dieser ihm fühlbaren weltlichen Macht und empfand so früher den äußeren Zwang zum Glauben zugleich innerlich als ein Argument für die Wahrheit des Glaubens. Der Glanz der Kirche, der ihm wie ein sichtbares Stück der Herrlichkeit Christi erscheint, und ebenso alle anderen Beweise von der weltlichen Kraft der Kirche, der Reichtum und die Latifundien, die sie jahrhundertelang zur größten wirtschaftlichen Persönlichkeit Mexicos gemacht haben, die Gelehrsamkeit, die sie fast allein dem Lande vermittelt hat, die Stetigkeit, die sie im Gegensatz zu den wechselnden Regierungen bewahrt, sind ihm Beweise für die Wahrheit ihrer Lehre und unterhalten seine Furcht vor ihren Drohungen. – Das ethische Bedürfnis, das den westfälischen Katholiken oder den

Puritaner religiös macht: der Wunsch, für sein Leben eine Leitung und eine Tiefe zu entdecken, fehlt hier.

Diese Unterschiede in den Grundlagen des Glaubens stehen in Wechselwirkung mit Unterschieden in seinem Inhalte oder, genauer, in der Art, wie der Gläubige sich seinen Inhalt vorstellt.

Die Ethik tritt hinter der Metaphysik zurück; und die Metaphysik ist in diesem Falle hauptsächlich Mythologie: Legendenglaube und Heiligenverehrung. – Zum Teil sind es historische, zum Teil psychologische Gründe, die der Mythologie den Vorrang sichern. Die indianischen Kulte, die die Kirche übernommen hat, fanden für ihren mythologischen Inhalt im metaphysisch angelegten spanisch-maurischen Christentum schon an sich einen günstigen Boden. Noch mehr begünstigten das Mythologische die Umstände der Übernahme, indem gerade die neuen konkreten Symbole, an die sich die alten beibehaltenen urindianischen Zeremonien anknüpften, die Heiligenbilder, Reliquienschreine, Wallfahrtskirchen, in gleich hohem Maße für das Volk und für die Kirche wichtig wurden, für das Volk als neue Mittelpunkte seines alten Kultus, für die Kirche als die sichtbaren Zeichen ihrer Herrschaft inmitten halbheidnischer Zeremonien. – Psychologisch wurde die Mythologie von der besonderen Geistesbeschaffenheit und wie in Südeuropa von der Kulturstufe des Mexicaners begünstigt. Der wichtigste von diesen psychologischen Gründen ist die Sichtbarkeit oder leichte Vorstellbarkeit, die den metaphysisch-mythologischen Wesen zukommt. Denn nur vor dem Vorstellbaren, also nur vor der Außenwelt, zu der für ihn auch die metaphysischen Wesen gehören, empfindet der Naturmensch Scheu; und je nachdem die Furcht den Menschen stärker vor den dunklen Mächten des eigenen Innern oder vor den feindlichen Gewalten der Außenwelt packt, steht auch der ethische oder der mythologische Inhalt seines Glaubens im Vordergrunde seines Bewußtseins. – Die Frömmigkeit stellt sich der Mexicaner also nicht so vor, daß er sein Leben nach dem Gebote Gottes richte und sich dazu im Gebet Kraft und Heiligung hole, sondern so, daß er Gott und den Heiligen zu Willen sei und ihnen in der Kirche so oft wie möglich den Gruß entbiete. Die Heiligenbilder, an denen er dieser mythologischen Frömmigkeit genügen kann, werden seinen Augen in allen Kirchen mit möglichstem Nachdruck vorgeführt, nach spanischer Art barbarisch gekleidet und mit falschen Juwelen herausgeputzt, die Gekreuzigten außerdem noch bluttriefend, mit Knien, die bis auf die Knochen durchgeschunden sind, und grünlich verwesendem Fleisch, Greuelgestalten, die fast physiologisch-schmerzhaft wirken, der Stumpfheit der mexicanischen Sinne angepaßt. Denn eine gewisse Gefühlsstärke bei der Begrüßung gehört sozusagen zur Höflichkeit, da der Heilige auch die Herzen erkennt; daher das Reizbedürfnis und unter gewissen Umständen das Kunstbedürfnis, das der mythologisch-religiöse Südländer in der Kirche empfindet; daher aber auch die ekstatischen und manchmal ergreifenden Mienen, die man hier vor fratzenhaften Bildwerken erlebt. Die Gemütsbewegung, die in der Kirche so stark sein kann, überdauert aber nur selten den Augenblick, weil selbst der bigotte Mexicaner gar nicht den Wunsch hat, sich hier, wie etwa der germanische Christ, eine dauernde Stärkung für den Tag zu holen. Die Andacht hat ihren Zweck, den mächtigen Heiligen günstig zu stimmen, durch ihre Inbrunst selbst erreicht, da sie dem Andächtigen für die Tagesarbeit nicht eigene Kraft, sondern bloß einen Bundesgenossen sichern soll.

Die Gewalt, die die Kirche auf Grund dieser Geschichte und dieser Psychologie hier ausübt, ist ungeheuer. Sie nimmt unter den lebendigen, schaffenden und erhaltenden Kräften des mexicanischen Volkskörpers die erste Stelle ein und übertrifft an Macht in materiellen und geistigen Dingen den Staat und selbst das Geld. Wo ein Plantagenbesitzer durch Lohnerhöhungen nichts erreichen kann, genügt ein Wort des Priesters, um die Bauern zur Überschicht zu bestimmen; Bestohlene wenden sich, wenn sie einen Verdacht in betreff des Täters haben, nicht an den Richter, sondern an den Beichtvater des gemutmaßten Diebes. So tun die Priester mehr als die Polizei, um Vergehen zu verhüten, um Streitigkeiten beizulegen, um äußerlich die Gesellschaft zusammenzuhalten. Und auch innerlich ist ihr Wort für die meisten die einzige tiefer dringende geistige Anregung und deshalb der Hauptinhalt ihrer geistigen Gemeinschaft mit ihren Landsleuten. – Mehr noch fast als in Rom erfüllt daher hier die Gotteshäuser beständig das leise Gemurmel der Betenden. Scharen von Männern und Weibern knien immer vor den Heiligenbildern, und gerade die Männer überwiegen: Leute aus dem Volk, deren Ponchos in dunklerem Rot neben dem Scharlach der Chorknabengewänder im Weihrauchnebel um den Altären leuchten. Das Nationalheiligtum von Guadalupe ist der Rückgrat der mexicanischen Nationalität, das, was alle Provinzen und Stämme des Landes am stärksten zusammenhält. Bis in die entfernten Gebirgstäler, bei Stämmen, die kein Spanisch verstehen und kaum zum Christentum bekehrt sind, soll man Kopien der blassen, von einem mandelförmigen Glorienschein ganz umrahmten Madonna antreffen; und seitdem sie Hidalgo, der erste Held der Befreiungskriege, auf seinen Fahnen den mexicanischen Freiheitsscharen vorantrug, ist sie auch für die liberale Partei das höchste Symbol des mexicanischen Patriotismus. Der Dom, in dem das Wunderbild steht, liegt vor den Toren der Hauptstadt, auf dem Boden, den früher ein weitberühmter indianischer Tempel, der Göttermutter der Azteken geweiht, einnahm. Schon jetzt, da kein Fest ist, füllt die Kirche eine beständig wechselnde Menge. Fortwährend rutschen neue Prozessionen von dunklen, inbrünstig blickenden Männern und Weibern, Kerzen haltend und wie im Takte Gebete murmelnd, auf den Knien die Schiffe hinauf bis ans massiv silberne Gitter, das den Hochaltar und das heilige Bild vom Volke trennt. Wie Gesumm von Bienen schweben die Gebete über dem Pilgerschwarm, der sich langsam vorwärtsbewegt. Am 12. Dezember aber, am Tage von Guadalupe, versammeln sich hier jedesmal an die hunderttausend Indianer aus allen, auch den fernsten Teilen von Mexico und führen in den alten heimischen Federtrachten, von den katholischen Priestern unbehelligt, ihre eigenen Riten und Tänze in dem Heiligtume und um dieses auf.

Das Nationalgefühl besteht zum Teil in dieser gemeinschaftlichen, von der Kirche geförderten Verehrung der Madonna von Guadalupe; zum Teil ist es seinem Ursprunge nach der Haß gegen das Aussaugungssystem der spanischen Beamtenschaft, ein Ressentiment, dem das Volk und seine Führer einen idealen Grund in ihrer, den Spaniern fremden Stammeszugehörigkeit und Heimat erfanden. Es fußt also mit allen Wurzeln im indianischen, nicht im spanischen Blut, das der Mexicaner in den Adern hat. Cortez hat hier kein Denkmal, nicht einmal eine Straße; nur ein einziges armes Erinnerungszeichen: eine Zypresse in einer staubigen Vorstadt, inmitten von elenden Baracken und Pulquewirtschaften. Unter diesem Baume saß der Eroberer in der Nacht vom 1. Juli 1520, besiegt durch Montezuma und bitterlich weinend. – Das Denkmal des letzten, von Cortez grausam gefolterten Aztekenkaisers Guatemoc steht an der schönsten Stelle der Stadt, in der großen Allee nach Chapultepec hinaus, die als Korso dient. Und das Standbild gehört zu den wenigen modernen Denkmälern, die nichts Kleinliches oder Theatralisches an sich haben. Der Kaiser schreitet, den Speer offenbar gegen seine spanischen Bedränger leicht erhebend, ruhig vorwärts; der Blick ist fest in die Ferne gerichtet, den Kopf bedeckt der mächtige, gefiederte Helm der Aztekenkrieger. Ringsum weitet sich die Allee zum Kreise; zwischen den Stämmen der alten Akazien erscheint in der Ferne der Grat der Kordilleren; und dahinter geht abends in flammender Pracht die Sonne unter.

Den Abfall vom Mutterlande empfindet der Mexicaner nicht wie der Nordamerikaner als Absplitterung von seinem Stammvolk, sondern als Befreiung vom Joche eines fremden Volkes oder sozusagen als den Anfang der Wiedereroberung seiner Heimat durch die dunkle Rasse. Vielleicht ein Traum! da der romanische Geist den Mexicanern doch so tief eingeprägt ist, daß sie nie wieder dem Volke, das Cortez vorfand, gleichen könnten; aber kein gleichgültiger, weil gerade die Sehnsucht bestimmt, welche von den Realitäten, die ein Volk unsichtbar umschweben, zur Entladung und Wirksamkeit kommt.

Der mexicanische Staat ist seit dem Befreiungskriege, was er den Verhältnissen und dem Volkscharakter nach sein muß, das heißt brutal, auf die Kirche als mächtigere Nebenbuhlerin neidisch und selber dabei ohne selbständige innere Kohäsionskraft; die Beamtenschaft zum großen Teil bestechlich und erpresserisch, weil die geistigen Voraussetzungen und das Milieu für eine aus persönlichen Gründen festgehaltene Ehrlichkeit fehlen; die Politik außer in ihrer Kirchenfeindschaft rein persönlich, weil Ideen ja hier nie zu Motiven breiterer Volksschichten werden können und auch den natürlichen Volksgruppierungen das gesellschaftliche Gefühl fehlt, um die Interessen ihrer Gruppe zu erkennen oder geltend zu machen. Da der jeweilig bestehenden Regierung jede ernsthaft zu nehmende Sanktion, außer der durch Gewaltstreiche erlangten und zu persönlichen Zwekken ausgebeuteten Macht fehlt, unterschied sie sich bis vor kurzem, trotz einzelner für ihre Person dem Stehlen abholder Männer, von den Brigantenassoziationen, die über das ganze Land hin bald hier als kleine Räuberbanden die Chausseen unsicher machten und bald dort als Gewaltherrschaften ganze Provinzen aussogen, eigentlich in nichts außer darin, daß sie unter diesen Banditengesellschaften die mächtigste war, der nach innen das ausgedehnteste Plünderungsgebiet und von außen diplomatische Anerkennung, Ordensauszeichnungen und Freundschaftsverträge von fremden Souveränen zuteil geworden waren.

Diaz aber, das Haupt der zuletzt an die Staatskassen gelangten Politiker und Soldatenbande, ist jetzt schon zwölf Jahre Präsident der Republik. Als soldatisch gedrillter und mit den reicheren Grausamkeitsmitteln des neunzehnten Jahrhunderts arbeitender Ludwig XI. oder Cäsar Borgia dient er, geschickter als seine Amtsvorgänger, zu gleicher Zeit seinem Ehrgeiz, seinem Bankkonto und seinem spätestens am eigenen Wirken erwachsenen Patriotismus. Er unterdrückt die unabhängigen Briganten im Lande und das offene Plündern der vom Staate Angestellten und verbindet damit ein Geschäft für sich, indem er Gewinnbeteiligungen an den zahlreichen Unternehmungen annimmt, die infolge seines Regiments aufzublühen anfangen. Das Land macht, während es früher bei den fortwährenden ›Revolutionen‹ nicht zur Ruhe kam und verarmte, jetzt Fortschritte, durch die es zur zweiten wirtschaftlichen Großmacht Amerikas werden muß, falls Diaz am Ruder bleibt. Es fragt sich nur, wem dieser Aufschwung frommen wird, ob den Mexicanern oder fremden Kapitalisten. Diaz aber hat seine bei einem Jahresgehalt von fünfzehntausend Talern verdienten Millionen in englischen Banken in Sicherheit gebracht.

Seine Ziele hat Diaz erreicht, weil er seine Mittel dem Charakter des Volks anpaßte. Daß aber solche Mittel, wie er sie gebraucht, nötig und sogar daß sie anwendbar sind, kennzeichnet noch einmal dieses Volk Mexicos und seine Befähigung zum Gesellschaftsleben. – Nominell ist Mexico eine Föderativ-Republik mit Zweikammersystem und einem alle vier Jahre vom Volke zu wählenden Präsidenten; und die gegenwärtige Regierung nennt sich liberal. Allerdings heißt liberal hier nicht etwa wie in England oder bei uns wirtschaftlich und politisch individualistisch, sondern nach Art von Frankreich, Spanien, Italien und von allen andern katholischen Ländern antiklerikal; nach Geist und Geschichte sind ja die nordeuropäischen und die katholischen Liberalen andere Parteien, haben andere Fehler, und

Präsident Porfirio Díaz (um 1890)

wenn sie Vorzüge haben, andere Vorzüge. Aber die mexicanischen Liberalen schikanieren nicht nur die Kirche, sondern haben dem Volke selbst und jedem einzelnen im Volke seine Rechte genommen. Zunächst das Wahlrecht. Wo noch Wahlen markiert werden, sind es Scheinzeremonien, und in vielen Provinzen geben sich die Gouverneure nicht einmal mehr die Mühe, ein erdichtetes Wahlresultat zu verkünden. Diaz wählt alle vier Jahre feierlich sich selber wieder zum Präsidenten; und in der Zwischenzeit ernennt er auch, sooft es nötig ist, die Mitglieder der Volksvertretung und die verfassungsmäßig vom Volk zu erwählenden Provinzgouverneure. Die ›liberale‹ Regierung hat aus der konstitutionellen Republik eine unumschränkte Monarchie gemacht. Wer protestiert, kommt um; das heißt: er fällt der ›Ley Fuga‹ zum Opfer, der geistvollen Handhabung der Polizeibefugnis, auf fliehende Arrestanten zu schießen. Mißvergnügte Personen werden arretiert, fliehen und werden erschossen. Prozesse werden dadurch vermieden und die Entscheidungen Gerichten entzogen, die trotz des Regierungsdruckes auch für Privatbestechungen nicht unzugänglich sein könnten. Namentlich aber erschüttert solch plötzlicher Tod die Phantasie des Volkes viel stärker als gesetzmäßige Hinrichtungen. Wie Kunst und Religion in Mexico greller Farben und hyperphantastischer Darstellungen bedürfen, so soll Schrecken nach der Meinung aller kompetenten Beurteiler das einzige Mittel sein, hier staatlich einen Eindruck zu machen. Das Volk wehrt sich nicht, erstens weil der einzelne sich bei dem so hergestellten Frieden wohler und vielleicht sogar sicherer fühlt als bei den Bürgerkriegen früher; zweitens weil das einzige gesetzliche Mittel dagegen die gerichtliche

Klage der Verwandten des Toten gegen den Todesvollstrekker wäre und die Gerichte die Sache dann so lange verschleppen würden, bis die Verwandten und die Mörder ebenfalls gestorben wären; und schließlich weil zu Revolutionen, eben infolge der Handhabung der ›Ley Fuga‹, vorläufig der Mut fehlt. Zur Zeit erfolgt auf dem Ley-Fuga-Wege hauptsächlich die Beseitigung von unbequemen Generalen, Briganten und Politikern, so unter anderem vor einiger Zeit die des Gouverneurs der Provinz Zacatecas. Aber manchmal sind doch die Folgen auch tragisch. Vor einigen Jahren entdeckte der Gouverneur von Veracruz angeblich eine Verschwörung, deren Hauptmitglieder die Söhne von Männern sein sollten, die ihm politisch verfeindet waren. Er telegraphiert das nach Mexico und bittet um Instruktionen. Diaz depeschiert zurück: ›Matanlos todos‹, d.h. ›Alle töten‹. Noch in derselben Nacht ließ der Gouverneur neun junge Leute von neunzehn und zwanzig Jahren in ihren Wohnungen überfallen und auf der Stelle unter ihrem eigenen Dache umbringen. Die Leichen wurden den Eltern, durch den Rücken geschossen, zur Verfügung gestellt. – G., der selber Parlamentarier, also Diaz-Anhänger ist, sagte neulich zu mir: »Nous ne sommes pas en république, nous sommes en Russie, et encore...! Wir genießen umgekehrt wie Rußland eine republikanische Staatsverfassung, die durch den Mord von oben gemäßigt wird.«*

* Leider haben wir in Deutschland nach der Revolution Ähnliches, und insbesondere auch die ›Ley Fuga‹, erlebt. (Anmerkung zur Auflage 1921.)

Mexico, den 22. November 1896.

Nachmittags zum letzten Male mit C. in seinem Tilbury zum Korso. Die Wagen sind tadellos, Kutscher und Geschirr wie in Rom oder Madrid, beste Londoner Imitation, und schnell und hoch trabende Pferde. T., der Schwiegersohn des Präsidenten, hat eine Mailcoach, die selbst in England Figur machen würde. Der Jockey-Klub an der Calle San Francisco ist der alte Palast der Familie Cortez; außen ganz mit bunten Majolikakacheln inkrustiert; das Treppenhaus ein Juwel von vornehm-heiterer Eleganz; oben die Räume nach Art englischer Klubs eingerichtet, Speisezimmer in dunklem Mahagoni und Lese- und Spielräume mit niedrigen, tiefen Ledersesseln. Ich bin für die Dauer meines Aufenthaltes Mitglied gewesen. Abends ist viel Verkehr: Gutsbesitzer, große Unternehmer, Politiker, im Smoking, rauchend und hoch spielend; alle nach südlicher Art mehr als liebenswürdig. Man glaubt es kaum, daß diese Mailcoachfahrer und Ekartéspieler nach den Grundsätzen der Malatesta und Borgia regiert werden. C. versichert, daß gerade sie, diese oberen Klassen weißen oder gemischten Blutes, welche die Politiker-Kaste bilden, die ›Ley Fuga‹ unentbehrlich machen.

III

Teotihuacan, 12. November 1896.

Mit dem Frühzuge nach San Juan Teotihuacan. Die Morgennebel waren über den Seen noch nicht zerstäubt und lagen dicht auf den Wiesen; vor den Lehmhütten der Dörfer spielten die kleinen Indianerkinder; an den weißen Bahnstationen gingen die buntgekleideten Marktweiber mit vollen Körben auf dem Kopfe am Zuge entlang, und über den Halmen der Maisfelder stieg, wie der Fudschijama auf einem Holzschnitt von Hokusai, der Kegel des Popocatepetl schlank und unbewölkt am Himmel auf.

Das Ruinenfeld von Teotihuacan liegt in dem großen reichbebauten Tal, das sich vom Texcoco-See östlich bis zu den blauen Bergzügen von Veracruz und Puebla erstreckt. Es ist das mexicanische Giseh. – Zuerst hält es schwer, sich im Wirrwarr von Pyramiden und Schuttkegeln, die die Ebene bedecken, zurechtzufinden; aber allmählich erkennt man den Plan des Ganzen als den einer einzigen Tempelanlage, die an Ausdehnung zu den gewaltigsten gehört, deren Spuren sich auf Erden erhalten haben: in der Mitte eine große Pyramide, noch heute über zweihundert Fuß hoch und fast achthundert Fuß im Geviert; zu beiden Seiten, nach Norden und Süden, zwei weniger hohe, die durch eine breite Feststraße verbunden sind; an diesem heiligen Wege in regelmäßigen Abständen zahlreiche kleine Kegel, die ihn auch dort begleiten, wo er in weiten Bogen an seinen Endpunkten die zwei niedrigeren Pyramiden umkreist und zu Festplätzen sich weitet; und an allen drei Pyramiden die Überreste von Treppenanlagen, die schnurgerade und steil zu den auf der obersten Terrasse errichteten Tempeln emporführten; auch diese Treppenfluchten breit und von gewaltigem Maße der Stufen. In allem gibt sich das Bestreben kund, die Stimmung durch massige Schwere und feierliche Langsamkeit zu beeinflussen, auf das Gefühl durch das Gewicht zu wirken, das das Bauwerk zur Schau trug, und durch die Zeit, die der sich Nahende gebrauchte, um vom Eingang des geweihten Bezirks zur Weihestätte selbst zu gelangen; ein Bestreben, das nicht den Mexicanern oder Tolteken eigen, sondern allen früheren Stadien religiöser Kultur gemein und auf Eigenschaften berechnet ist, die, wie es scheint, zu den ältesten des menschlichen Geistes gehören. Die Größe der Masse und die Länge der Zeit müssen zu den Vorstellungen gehören, die sich am ersten und allgemeinsten mit stark subjektiven Gefühlen verbunden haben und vermöge deren man daher am frühsten durch die Sinne zum Herzen dringen konnte; es sind die Zeichen, durch die überall, wo Reste alter Kultur erhalten sind, in Ägypten und Indien, in Assyrien und Siam ebenso wie hier in der Vorzeit Priester und Könige zum Volke sprachen.

Die Überlieferung berichtet, daß die Tempelstadt von Teotihuacan den Lichtgottheiten, der Sonne, den Sternen und dem Monde, heilig gewesen sei. Das Bild, das das Heiligtum ursprünglich bot, ist mit Hilfe der Schilderungen der Konquistadoren und der in vielem dieser Anlage so merkwürdig gleichenden japanischen Tempelbauten nicht schwer zu ergänzen: die breite, feierliche Feststraße, auf beiden Seiten von kleinen Tempeln oder Totendenkmälern begleitet und im Schatten uralter Bäume von geweihter Stätte zu geweihter Stätte führend; nach beiden Seiten der Blick auf die in breiten Absätzen machtvoll emporstrebenden Massen der Tempelfundamente, an denen von Stufe zu Stufe die Priesterprozessionen aus dem Schatten der Haine ins heilige Licht emporstiegen; und oben der grausig wilde Opferritus: das dem aufgeschnittenen Leibe entrissene und noch zuckend der Sonne und den lichtstrahlenden Gletschern ringsum geweihte Menschenherz. Das Bild sehen wir; aber die Gefühle, die damals die Brust des versammelten Volkes und des Opferpriesters, der den heiligen Mord vollzog, bewegten, sind auf ewig dahin: selbst die Phantasie vermag nichts mehr zur Erweckung dieses toten Stückes Menschheitsseele. Nur eins ist sicher, daß hier etwas Gewaltiges gestorben ist, etwas, das sich zu unserer Kultur und zu unseren Seelen, aus denen die große, als heilig empfundene Grausamkeit geschwunden ist, so verhält wie die Flammenwelt, die die Berge und Vulkane ringsum geboren hat, zu der Nützlichkeitswelt, deren Felder und Pflanzungen heute das Tal bedecken.

Wie überall, wo gewaltige, noch nicht wissenschaftlich sterilisierte Überreste alter Kultur vorhanden sind, blüht auch auf diesen Ruinen üppig das bunte Kraut der Legenden und Hypothesen: angefangen von den düsteren Sagen des ringsum wohnenden braunen Volks, das die Riesentrümmer als die Wohnungen geheimnisvoller und mächtiger Geister fürchtet, und fortwuchernd bis zu den hypothetischen Gebilden der in der Hauptstadt zahlreichen Halbgelehrten, deren Seele sich um irgendeine zur fixen Idee versteinerte Theorie wie zu einer psychologischen Neubildung kristallisiert hat, und die wie um ihr Leben sich streiten um sogenannte ›wissenschaftliche Fragen‹: nämlich ob die Riten und Religionen von Teotihuacan mit denen des ›ägyptischen Hermes‹ identisch sind oder ob die älteste mexicanische Kultur ein Überrest der vor zehn Jahrtausenden in den Ozean versunkenen des Landes Atlantis sei. Der Hauptvertreter der ›hermetischen‹ Theorie, der sich langsam verhungern läßt, um das Geld zu gewissen geheimgehaltenen Ausgrabungen zu sparen, glaubt, vielleicht mit Recht, daß sein ›atlantischer‹ Gegner ihm nach dem Leben trachtet. Der Charme des mexicanischen Altertums besteht zum Teil in dieser ersten, psychologischen Flora auf dem Neuentdeckten. Es gibt uns das Schauspiel eines ähnlich phantastischen Lebens und einer ähnlichen Fluidität und traumartigen Unbestimmtheit der Formen, wie es Hellas und Rom dem Mittelalter boten; der ›Zauberer Virgil‹ ist hier noch aktuell.

Abends, in Mexico, spielte auf der Plaza Mayor die Militärmusik, meistens Potpourris aus Bellini und Donizetti: ein dichtes Publikum drängte sich auf dem großen Platz, rauchte Zigaretten, spielte Ball oder promenierte langsam durcheinander in der Runde herum. Die Frauen trugen Fächer und Mantillen, die Männer Ohrringe, spitze, breitkrempige Hüte und scharlachrote oder mauerfarbene Banditenmäntel. Es war bei der Zirkusmusik im elektrischen Licht vor der großen Kulisse des Domes wie ein Monsterchor aus ›Zampa‹.

Besteigung des Popocatepetl
14./15. November 1896.

Um acht Uhr früh nach Amecameca abgefahren, von wo aus der Vulkan am leichtesten zu besteigen ist. Der Sekundärbahnzug hält an jeder Station zwischen fünf und fünfundzwanzig Minuten; während dieser Zeit gehen die Reisenden im Schatten Korso; an den Coupéfenstern wird geflirtet; ganze Familien kommen vom Lande herein, um durchreisende Bekannte zu besuchen; und im Innern der Wagen, die nach Art der D-Züge ineinandergehen, bieten Hökerinnen Milch und Knoblauchkuchen feil. An jeder Haltestelle genießt man dasselbe Schauspiel und denselben Geruch. Unter diesen Umständen haben wir uns auf der zweistündigen Fahrt von Mexico nach Amecameca um eine Stunde verspätet. In Amecameca dagegen ging alles unverhofft schnell, dank den Briefen, die mir der General O., dem der Popocatepetl gehört, an seine Beamten mitgegeben hatte. Nach zwei Stunden, gegen ein Uhr, ritten wir durch das andere Ende des kleinen, von klaren Gebirgsbächen durchströmten Ortes gletscherbereit hinaus, im ganzen fünf Mann; ich, zwei Führer, ein Pferdehalter und ein Mestize, der sich aus nicht zu erforschenden Gründen, vielleicht als Koch, angeschlossen hat. Die beiden Führer und der Pferdehalter sind Vollblutindianer.

Der Weg steigt zuerst zwischen Kulturen leise an; rechts und links sind Korn- und Weizenfelder, die sich in großen Teppichstücken zwischen den bewaldeten Gebirgshängen ausstrecken; oben lagern heute auf den Bergen Nebelmassen, die die Schneespitzen verhüllen; die Gegend gleicht bis auf die braunen Feldarbeiter und die Kaktushecken dem Tal von Innsbruck.

Nach anderthalb Stunden hört die Straße auf. Steil geht es durch trockene Flußläufe und Felsenschluchten aufwärts. Unter uns senkt sich allmählich das Tal. Von Zeit zu Zeit begegnen uns noch Züge von Packtieren, dahinter die Treiber barfuß in Poncho und Spitzhut. Der Wald fängt an, nordisch zu werden; die Kiefer verdrängt die anderen Bäume, und am Boden wachsen deutsche Waldblumen.

Als wir etwa elftausend Fuß hoch sind, bricht die Dunkelheit herein. Hier beginnen die Grasmatten; Kühe, großgehörnte Prachttiere, weiden da jahraus, jahrein im Freien. Von unserem Zuge aufgescheucht, sprengen sie im Mondlicht wie großes Wild in Rudeln davon. Und jetzt schimmern über uns plötzlich durch Wolkenrisse Schneehänge.

Dreizehntausend Fuß hoch in einem Gebirgstal liegt der Rancho des Generals O., in dem wir übernachten sollen, drei dicht aneinandergelehnte Bretterhütten, die plötzlich inmitten einer Wüstenei von umgehauenen und halb verkohlten Kiefernstämmen im Helldunkel vor uns auftauchen. In der einen sind Reste eines Stalles und einer Krippe. In der anderen dicht daneben sollen wir schlafen. Mitten im Raume, im niedrigen, kreisrunden Herd, wird auf dem Erdboden mit feuchtem, knatterndem Reisig Feuer angelegt. Die Decke läuft spitz zu und empfängt nur unten an den Seiten den Feuerschein; in der Mitte steigt sie in die Dunkelheit auf. An der vom Berge geschützten Wand des Raumes liegt noch eine alte, verfilzte Streu. Der Rauch zieht, so gut er kann, durch die offene Tür oder durch undichte Stellen der Decke ab. Um das Feuer hocken schweigend meine vier Rothäute. Es ist Biwakstimmung, aber unter welchen Gestalten!

Bald nach dem Abendbrot wird die Streu mit Mänteln belegt; die Indianer wickeln sich in ihre Zarapes und schlafen ein. Allmählich verlischt das Feuer, und nur ein Mondstrahl, der durch eine Öffnung im Dache dringt, erhellt schwach noch den Herd und eine in ihren Mantel gehüllt dahingestreckte regelmäßig atmende Gestalt. Mich aber verfolgt im halben Wachen wie ein Fiebertraum von Stunde zu Stunde das Geräusch der jenseits der Bretterwand kauenden und mit ihren Halftern an die Krippen schlagenden Pferde...

Endlich gegen zwei Uhr wird zum Abmarsch aufgestanden. Die Nacht ist vollkommen still und klar. Der Himmel senkt sich sternenfunkelnd in die Ebene hinab. Der Vulkan ragt dunkel und riesenhaft in seine Klarheit hinauf; die Aschenwände unten verschwimmen in Finsternis; oben aber leuchten Eisfelder im tropischen Glanz der Nacht wie weiße, von Sternen beschienene Wolkenstreifen. Der Weg führt über Gras und Bimssteingeröll aufwärts durch Nadelwald. Eine leichte Brise bewegt die Kiefernwipfel vor den Sternen auf und ab. Dann werden die Stämme lichter und hören ganz auf. Heide und Bimssteinfelder wechseln ab. Kleine, nicht zusammenhängende Schneestücke gehen allmählich in ein großes Schneefeld über. Wir steigen in kurzen Zickzacklinien schnell aufwärts; bald erscheint der Wald schon weit unten wie eine tiefschwarze lichtlose Fläche, die das grauere Dunkel der Heide finster begrenzt. Über uns wächst allmählich der Berg an Masse; jetzt sind sein dunkler Umriß und das Himmelsgewölbe ringsum die ganze Landschaft. Je höher wir kommen, um so breiter wird die finstere Form, und um so weiter auch entfaltet sich des Himmels Pracht; neue Sternbilder steigen aus der Tiefe auf, und die alten stehen am Himmelsabgrund uns gegenüber wie an einer schwarzen Wand. Wir sind am Fuß des Vulkankegels selbst angelangt; der Abhang wird steil, fünfundvierzig Grad; große Basaltblöcke lagern im Schnee, die, von oben herabgerollt, hier, wo der Fallwinkel flacher wird, liegen geblieben sind. Höher hinauf ragen Aschengrate aus dem Schnee empor. Schwefeldampf quillt aus den Klüften herauf und schwebt niedrig über dem Boden fort. Es ist gegen sechs Uhr. Nur einzelne Sterne glitzern noch. In der Dämmerung fangen entfernte Bergketten an, sich am Himmel unter uns abzuzeichnen; über ihnen lagern im Osten vor der wachsenden Helligkeit schwarze Wolkenstreifen; und unten wird das Wolkenmeer sichtbar, das, wie im Sturme durcheinandergepeitscht, die Täler füllt und die Vorgebirge umfließt. Wir sind sechzehntausendfünfhundert Fuß hoch; noch dreihundert Meter unter dem Kraterrande. Die Luft ist kalt und klar und dünn. Man hört den Schlag des eigenen Herzens ganz scharf in der großen Stille. Und jetzt will die Sonne aufgehen. Das Weltenweihefest beginnt. In den Tälern regt sichs, und vom Nebelmeer lösen sich Wolkenzüge und schweben an Abgründen aufwärts; Dunstschleier schwinden von nahen Bergen, und darunter erscheinen die Matten schon nebelhaft grün; Strahlen brechen aus den östlichen Tiefen weißflimmernd hervor und stehen am Himmel wie Unterpfande des kommenden Lichts: Himmel und Erde sind künftige Farbe, schweigendes Werden. Da leuchtet das Eis am Kraterrand auf; und im selben Augenblick rollt das Licht wie ein Mantel an den Hängen des Berges herunter; am Erdenrande erscheint der Sonnenball. Die See, der er entsteigt, schwebt wie ferner Rauch bläulich durchsichtig in der schimmernden Rundung des Horizontes. Der Himmel erfüllt ganz das Auge wie auf dem Meer und der Ebene; nur größer als dort; flammender, runder. Von allen Seiten umgibt er uns hier; umstrahlt und kupferglühend im Morgenrot; die Sonne umkreist uns, und unter uns liegt das Erdenrund im Himmelsblau wie ein zweites Gestirn.

Von diesem Augenblick ab wandelt sich mir, was ich erlebe, in eine Art von Traum. Mechanisch schleppen sich meine Glieder noch über Schnee und Eisstufen aufwärts bis an den Kraterrand; der Wille aber versinkt allmählich in traumartige Schwäche; und den ganzen Körper erfüllt ein Gefühl, das einer langsam sich verdichtenden Umwölkung der Sinne gleicht. Zugleich beginnen an Stelle der Bilder der Außenwelt die inneren Körpervorgänge sich immer deutlicher der Wahrnehmung aufzudrängen; das Herz, der Pulsschlag, das eigene Licht des Auges, das vor der Retina flimmert. Ich erinnere mich jetzt deutlich des Gebirges, das, von diesen Höhen gesehen, wie eine wellige Ebene unter uns ausgebreitet lag; ich sehe den Krater mit seinen riesenhaft aufgetürmten roten Basaltwänden und empfinde noch das Alptraumartige des Augenblicks, da wir zur Talfahrt auf einer als Bockschlitten dienenden Matte in die fast senkrecht unter uns liegenden weißen Nebelmassen absausten; aber die Erinnerungen sind nicht wie die, die man an wachend Erlebtes hat, sondern wie die, die ein deutlicher Traum hinterläßt. Die Abkehr der Sinne von der Außenwelt kann nur Schein sein; denn sonst würden diese Bilder, die damals nicht empfunden wurden, auch nicht im Gedächtnis haften. Aber die Aufmerksamkeit hört in diesen Höhen offenbar auf, sich den äußeren Dingen zuzuwenden; und so versinken deren Eindrücke anscheinend spurlos, wie Regentropfen in stille Gewässer. Es wäre von Interesse, die körperlichen Zustände, vor allem die des Gehirns, genau zu kennen, die diesen Veränderungen des Seelenlebens in großen Höhen entsprechen; zum Beispiel, zu wissen, ob die Veränderung der Herztätigkeit Ursache oder, wie die scheinbare Verdunkelung der Sinne, Folge der Willensschwäche ist; die Untersuchung würde einiges Licht auf die so ähnlichen visionären Zustände werfen, bei denen wahrscheinlich bloß noch eine Umdeutung der inneren Vorgänge durch die Phantasie zu den auch die Höhenkrankheit begleitenden Symptomen hinzutritt, und manche Erscheinungen des künstlerischen und dekadenten Schaffens erhellen.

Heute nachmittag haben wir in kaum drei Stunden im Laufschritt, meistens zu Fuß, die Pferde vor uns hertreibend, den Abstieg von zweitausend Metern vom Rancho bis nach Amecameca zurückgelegt. Auf dieser halsbrecherischen Tour über harten Boden, durch Gebirgsbäche und Schluchten abwärts, ist keins von den kleinen struppigen Tieren auch nur gestrauchelt.

Oaxaca, 17. November 1896.

Die Bahnstrecke hierher durch die Kordilleren gleicht an Wildheit den Gotthardpässen; schäumende Gewässer und Bergschluchten, in die durch Bananen und Dattelpalmen Schnee und blauviolette Gebirgsspitzen herabscheinen.

Man muß auf den Bahnhöfen die Begrüßungs- und Abschiedsszenen beobachten; die Männer umarmen sich wie bei uns Monarchen; der einfache Handdruck ist nicht sinnenfällig genug. Was wir theatralisch nennen, weil wir es nur im Rampenlicht oder vor Reportern brauchen, muß hier schon im täglichen Verkehr und am hellen Tag angewendet werden. Der Südländer schauspielert nicht; er gebraucht nur die einem weniger scharfen Wahrnehmungsvermögen adäquaten Zeichen.

Oaxaca – die Stadt, nach deren milder Höhenklarheit sich Nietzsche in kranken Tagen sehnte – habe ich nur im Mondenschein gesehen; und da nur den großen Platz, auf dem zwischen einem Musiktempel und der Barockkathedrale eine braune Menschheit lustwandelte. Keine Laternen; nur der Vollmond auf dem Dom, der abseits vom Platze theatralisch einsam auf einer weiten, mit Steinfliesen belegten Terrasse steht. Die Musik spielte ohne Lichter, verborgen in einem Orangenhain; und wenn sie schwieg, hörte man unter den Bäumen das Plätschern unsichtbarer Brunnen und das leise Schürfen von bloßen Füßen auf dem Kies... So muß Italien vor dem Risorgimento gewesen sein; Pisa oder Perugia in den fünfziger Jahren.

Mitla, 18./19. November 1896.

Von Oaxaca nach Mitla fährt man im Maultierwagen. Die erste Strecke bis Tlacolula ist ein Teil der großen Handelsstraße, die von der Hauptstadt nach Acapulco an den Stillen Ozean hinunterführt. Früher war die Straße wegen der Frequenz des Verkehrs und der Zerrissenheit des Gebirges, durch das sie hinabsteigt, eine der unsichersten von Mexico. Die Ley Fuga und der gegenwärtige Präsident haben das geändert. Diaz beförderte zu Anfang seiner Regierung eine Anzahl von angesehenen Brigantenhauptleuten dieser Provinz zu Obersten der regulären Armee und schickte sie dann mit ihren Regimentern gegen ihre früheren Kameraden. Da die neuen Kommandeure alle Schlupfwinkel kannten, mußten die Briganten ihr Handwerk lassen. Die, die nicht zu Offizieren ernannt oder leyfugiert worden waren, verarmten; und jetzt trifft man sie an den Bahnhöfen der Hauptstadt, kärglich ihr Brot als halbgeduldete Taschendiebe verdienend.

Hinter Tlacolula verödet die Gegend. Über rauhen Steingrund gelangt man nach zwei Stunden zu einer schroff emporsteigenden, von zyklopischen Mauerringen gekrönten Felsenkuppe. Es ist die Akropolis von Mitla. Dahinter liegt das Totental.

Mictlan, das Haus des Todes, oder Liobäa, die Wohnungen des Friedens, nannten es die Alten. Von drei Seiten umschließen es kahle Basaltwände; von der vierten führt der paßartige Eingang an der Akropolis vorüber ins Tal hinein. Zur Zeit der Zapotekenherrschaft bedeckten die Ebene von Ende zu Ende Paläste und Tempel des Todes; hier wurden die Fürsten und Vornehmen des Reichs bestattet; und die Felsenfeste schützte ihre Gebeine. Von den Azteken als letztes und festestes Bollwerk des Zapotekenreiches erobert, ging die heilige Stadt in Flammen auf. Und dann plünderten, was übrig geblieben war, die Spanier.

Heute noch stehen die Trümmer von drei Tempelpyramiden und von vier der großen Totenpaläste. Niedrig, massig, weit auf Terrassen hingelagert, steigen die erhaltenen Paläste am nordöstlichen Abhang des Tales auf. Ein Wildbach, der tief in das steinige Tal einschneidet, trennt sie vom Dorf, das heute Mitla heißt. Bei allen vieren ist der Grundriß gleich; jedesmal liegen um drei Höfe je vier lange, schmale, fensterlose Säle, unter denen sich unterirdisch wieder Hallen und Gewölbe als Ruhestätten hinziehen. Die Steine, aus denen die oberirdischen Tore und Türen aufgetürmt sind, haben an Größe nur an indischen oder ägyptischen Bauten ihresgleichen; aber die Porphyrsäulen, die die Decken stützen, die Architravblöcke, die auf den Monolithen lasten, die Türschwellen, die wie Felsen jetzt aus dem Erdboden aufragen, alle sind sie, wie die Schnittflächen der Steine erkennen lassen, mit den einfachen steinernen Werkzeugen der Steinzeit bearbeitet. – Wie im Kontrast zu diesen Blöcken umkleidet dann innen und außen die Gebäude die zierlichste, feingemeißelte und kolorierte Ornamentik. Bis etwa einen Meter über den Boden waren die Mauern und Wände mit mennigrotem poliertem Stuck verkleidet; die Überreste haften noch hier und dort glatt und glänzend am Steine. Darüber ziehen sich bis zur Decke übereinander drei friesartige Streifen bizarrer, eckiger Zickzackmuster hin, die aus kleinen, sorgfältig in die Hausteinblöcke gefügten Sandsteinstückchen zusammengesetzt sind und erhaben aus der Wand herausstehen. Der Grund des Mosaiks war dunkelrot gefärbt, die erhabenen Steinchen braun oder gelb. Die Wände glichen orientalischen Teppichen. Im Innern waren zwischen den großen Mosaikmustern an einzelnen Stellen noch bandartig schmale Streifen glatten Stucks angebracht, über die die Reste einer aus feinen weißen und gelben Linien bestehenden Bilderschrift hinlaufen. – In diesen überirdischen Sälen wohnten die Priester des Totenkultes und in gewissen Monaten der König und die Großen des Reiches.

Wohl nie sind die Wohnungen des Todes so nah mit denen von Lebenden, noch das Leben und die Existenz selbst eines Volkes so eng mit den Gebeinen seiner Toten verbunden gewesen wie hier in Mitla, das das Gräberfeld und zugleich das Heiligtum und die Festung einer Rasse gewesen ist. Es ist, als hätten erst die Toten und die Lebenden zusammen hier die Volksgenossenschaft ausgemacht; und zum Vergleich drängt sich der Gräberkultus und die Shinto-Religion der Mongolen und Japaner auf.

Die Empfindungen, die bei diesem Kultus das Volk hatte, möchte man aus den Bauten und der Landschaft, in die sie hineingesetzt sind, erschließen. Aus diesen öden Basaltwänden, vor deren Kahlheit die dunkle Farbenpracht der Totenpaläste glühte, scheint eine düstere Volksphantasie, das Bedürfnis nach tragischen tieferschütternden Eindrücken und ein triebhaftes Empfinden für das Ernste und Furchtbare in der Natur zu reden. Und vielleicht haben in der Tat diese oder ähnliche Gefühle ebensosehr wie der Wunsch, das Heiligste, die Gebeine der Vorfahren, am sichersten Ort, im entlegensten Tal zu bergen, die Wahl gerade dieses unter allen Hochtälern des Landes bestimmt; unser scheinbar durch Zufälle entstandenes Landschaftsempfinden wäre demjenigen dieser Rasse konform gewesen, die von uns durch alles geschieden ist, was Menschen und Völker trennen kann.

Hier zeigt sich im einzelnen, was auch im großen angesichts der altamerikanischen Kultur am tiefsten bewegt: die geheimnisvollen Verwandtschaften zwischen diesen Resten und denen der alten europäisch-asiatischen Kultur und die innere Notwendigkeit aller menschlichen Entwicklung, die dadurch bezeugt wird, daß hier ganz unabhängig von der andern europäischen Zivilisation, nur um drei bis vier Jahrtausende verspätet, eine menschliche Kultur ihren Lauf begonnen hatte, die auf demselben Wege war, der in der Alten Welt von Chaldäa und Ägypten zu Goethe und Kant geführt hat. Man könnte glauben, daß, wenn die Alte Welt in den Ozean versunken wäre, hier in Mittelamerika nicht nur Gelehrte, sondern auch Religionsstifter, Philosophen und Künstler mit denselben oder mit ganz ähnlichen Gedanken entstanden wären wie die, in denen wir jetzt den Wert der Menschheit sehen. Das Nichtsein aller europäisch-asiatischen Helden und Völker hätte die Geschichte der Menschheit vielleicht nur um fünf Jahrtausende verspätet. Die amerikanische Kultur eröffnet ähnliche Ausblicke und stellt ähnliche Dilemmen, wie wenn auf einem fremden Stern Menschen und eine menschliche Kultur entdeckt würden.

Das Dorf jenseits des Wildbachs heißt offiziell San Pablo de Mitla, und der Name, mexicanischer Stamm und christlicher Firnis, bezeichnet sehr gut die Kultur seiner Bewohner, die die Nachkommen der Palasterbauer sein sollen. Neben den Ruinen der Bauten die Ruinen der Rasse. Der Ackerbürger, bei dem ich mich einquartiert habe, ist Mestize und als solcher eine Ausnahme an Wohlhabenheit; er besitzt ein schönes Stück Land und ein hübsches Haus, das nach spanisch-mexicanischer Art sich einstöckig und fensterlos um einen inneren Arkadenhof zieht, auf dem Orangenbäume mit reifen Früchten und große Rosenstöcke wirr durcheinanderwuchern. – Die anderen, die Indianer, sind ein armes, schmutziges Pack. Ihre Höfe liegen, von hohen Agavenhecken umgeben, dicht nebeneinander an schmalen Wegen, auf denen sich halbnackte Kinder mit mageren Hunden und Schweinen tummeln. Die Hütten sind aus Lehm oder geflochtenen Bambusmatten. Der Indianer baut auf seinem Felde nur gerade so viel, wie er für sich und seine Familie zum Unterhalt braucht: ein wenig Korn und einige Magueypflanzen zur Pulquegewinnung. Mehr als diesen engsten Familienbedarf an Naturalien produziert er nicht. Der Lehrer, der hergesetzt ist, um den Kindern außer Lesen und Schreiben nach dem Regierungsprogramm Geographie, Naturwissenschaften und ›die Anfangsgründe der Geometrie‹ beizubringen, sagt, daß es schwer hält, die Schüler zu bewegen, Spanisch zu lernen. Die Mädchen werden seit einiger Zeit nicht mehr unterrichtet, weil die Männer fanden, daß die Frauen durch das Lernen zu unabhängig wurden. Der Priester mag auch dahinterstecken; die Kirche ist die einzige Einrichtung, an deren Macht der gewöhnliche Mexicaner nicht zweifelt. – Im Grunde genommen ist der indianische Bauer nicht faul, sondern genügsam. Er fühlt sich offenbar in seinem Zustande ziemlich wohl; denn er läßt sich in seiner Ärmlichkeit nicht einen gewissen Luxus entgehen; die Frauen tragen am Halse und an den Ohren Schmuck, Glasperlen und Silbersachen. Die Matten sind fein geflochten; die Muster und Farben der Ponchos und Zarapes oft auffallend künstlerisch; das Kochgeschirr und Tongerät gefällig geformt und bunt glasiert; dieses alles durch die Hausindustrie der Frauen bestritten, die in Mitla zum Beispiel Zarapes weben. Wer leidet, denkt nicht an solches. Dieses stumpfe Genügen eines alten Herrenvolkes in Schmutz und Armut und kleinlichem Tand ist noch tragischer als die Verwüstung und Verödung, die die Stadt betroffen haben.

Jetzt ist es Nacht geworden; und während die Hunde anfangen im Dorfe zu bellen, stehen die Paläste im Mondlicht weiß inmitten gigantischer Schatten; dahinter leuchten die blanken Basaltwände der Schlucht wie Stahl.

Puebla, 20./21. November 1896.

Puebla inmitten seiner Schneeberge, mit seinen flachen Dächern und seinem halb maurischen Aussehen, hat den Duft des alten spanisch-mexicanischen Koloniallebens in ähnlicher Weise bewahrt wie Florenz den der Frührenaissance. Die Fassaden der Häuser sind rosa oder blaßblau gestrichen und oft mit Mustern aus bunten Majolikakacheln eingelegt; die Mauern fast fensterlos oder die Fenster schwer vergittert. Die Straßenfluchten laufen zwischen verschlossenen Mauerreihen wie im Orient geheimnisvoll hin. Wo die Haustür offensteht, zeigen sich Binnenhöfe, in denen im Schatten von Myrten und Brotbäumen der Hausbrunnen rieselt.

Den Mittelpunkt der Stadt bildet nach spanisch-katholischer Sitte der Dom, der wie fertig von der Inquisition aus Spanien importiert scheint; die Fassade ist schwer und einfach; der Innenraum majestätisch groß, und weiß, grau und golden dekoriert. Ein mächtiges vergoldetes Eisengitter vor dem Chor vertieft den Eindruck massiver Pracht. Aber trotz seines Reichtums scheint der Raum eher kahl als überladen; die schwere Glanzentfaltung erweckt infolge ihrer Eintönigkeit bloß das Gefühl tiefer und düsterer Melancholie; die Fülle von Gold gehört zu diesem Eindruck; der Reichtum löst sich in Stimmung auf. Die Kathedrale ist ein würdiges Denkmal des Reiches Philipps des Zweiten.

Die offizielle Kunst hat aber die sozusagen einheimische, die koloniale, nicht verhindert, gerade die Werke zu schaffen, Bauten und Waren, die den eigentlichen Zauber von Puebla ausmachen. An ihnen tritt die eigentümliche Bedeutung zutage, die der kolonialen Kultur unter allen Arten der Gesittung zukommt. Vermöge gerade der Entfernung vom Kulturzentrum kann in Kolonien, ähnlich wie in der Provinz, aber noch freier, manches, was sich im intensiven Kampf ums Dasein im Mutterlande nicht zu erhalten vermag, nachblühen und daher hier erst zu Ende blühen. Setzlinge alter, daheim zu früh entwurzelter Kunst erleben jenseits der Meere einen an Wunderfarben reichen Herbst. Die Kultur ist dort ewig gestrig und daher ewig altmodisch; aber deshalb reich an allem, was altmodisch zur Welt gekommene Dinge an reizender Inkonsequenz und bezaubernder Schwäche besitzen.

In Puebla ist es nicht nur wie sonst in Mexico die Gotik, die sich, mit dem Barock verquickt, auslebt, sondern auch das maurisch-spanische Töpferhandwerk, das seine späteste und reizendste Blüte treibt. Dieselben Töpfer, die die Kachelmuster an den Hausfronten als letzte Nachahmungen der maurischen Azulejos anfertigten, haben in Töpfe und Hausgerät Farben gebrannt, die gewiß alt und verschossen zutag gekommen sind; in vergilbendes Weiß lachsfarbene Rosen und seladongrüne Tulpenblätter, und mit Kanariengelb Verbindungen von Puce und verwaschenem Blau; Rokokokunst mit der Gabe, altmodisch zu bleiben, statt historisch zu werden; am stilwirrsten an der Talaveraware, die in allen Halbtönen von Blau und Blaßblau japanische Motive mit maurisch-europäischen vermischt und so den Kreis zwischen dem Orient und Okzident, zwischen Japan und Marokko schließt. Damals, da noch die Lack- und Porzellanwaren Chinas und Zipangus zugleich mit dem Silber und Smaragd von Peru auf spanischen Galeonen von Veracruz über den Ozean fuhren, war Mexico die Brücke zwischen Ostasien und Europa.

Wo sich diese Töpferkunst mit dem barock-gotischen mexicanischen Kirchenstil verbindet, entstehen Bauten, die an altväterischer Originalität nirgends ihresgleichen haben. Die Perle unter ihnen ist die Kirche von San Franzisco. Sie liegt fast außerhalb der Stadt, jenseits des Atoyac-Baches inmitten von hohen Bäumen. Die Fassade ist aus roten Ziegeln und bis auf ein reiches steinernes Barockportal ungegliedert. Aber in vier Reihen übereinander sind in diese Backsteinwand Teppiche aus bunten Kacheln eingelassen, zwischen denen horizontale Majolikastreifen als Verbindung hinlaufen. Der Grund der Majoliken ist weiß; die Ornamente darauf blau, gelb und grün. Auf den Teppich-Vierecken sind kolossale Delfter Vasen abgebildet, aus denen stilisierte Blumenstöcke wie Kandelaber emporwachsen, um dann arabeskenartig mit ihren Zweigen die Fläche zu überranken; auf den Streifen Tiere: Hasen, Katzen und Papageien, auf jeder Kachel je ein Geschöpf. – Die glanzlose Backsteinfläche, von der sich die Kacheln abheben, erhöht die Farbenwirkung des Majolikas und hält sie zugleich durch ihr Mattrot wie der Grundton einen Akkord zusammen. Die Glasur hat durch das Alter alles Grelle und Blitzende des Porzellans verloren; sie ist reif geworden und erglänzt jetzt tief und weich im grünen Schatten der alten, die Kirche kühlenden Bäume. Nichts kann einen Begriff von der altmodischen Frische des Bildes geben.

Zur Zeit ist hier der Präsident zum Besuch, um Denkmäler zu enthüllen. Die Stadt, die er persönlich vor dreißig Jahren von den Franzosen zurückerobert hat, läßt sich seinen Empfang fünfzigtausend Taler kosten. Die Hauptstraßen verschwinden unter Bannern und Blumengirlanden. Den ganzen Tag über gibt es Glockengeläute, Militärfanfaren und Truppenbewegungen. Nachmittags war großes Pelotospiel. Ich saß in der Loge neben der des Präsidenten und habe ihn beobachten können. Er ist ein schöner Mestize mit kurzgeschnittenen grauen Haaren und soldatisch gebräuntem Gesicht. Beim Grüßen und Händedrücken hat er die Bewegungen eines Gentleman. Trotz seines militärischen Ranges trug er Zivil; sehr gut gemachtes; wahrscheinlich aus London importiert, wie seine Manieren. Energie und Ley-Fuga-Reminiszenzen geben seiner Eleganz die richtige Stimmung. Unter den ihn umgebenden europäischen Diplomaten fiel er entschieden auf, wegen seines vornehmen Äußeren.

Heute abend ist alles illuminiert. Die Straßen, die sonst hier in ihrer Verlassenheit, nur von Öllaternen und vom Monde erhellt, in den Sternenhimmel und die Unendlichkeit hinaufreichen, schließt heute ein rötlich erleuchteter Qualm, ein Gemisch von Staub und Feuerwerksrauch, wie die einer Großstadt über den Köpfen ab. Die venezianische Nacht mit der wimmelnden Menge von hellen Mantillen und roten Ponchos unter den Lampiongirlanden gleicht dem Ballettakt einer Ausstattungsoper. An einigen Orten haben sich mitten auf dem Fahrwege Freiluft-Bäckereien niedergelassen, die roten Pfeffer-Pfannkuchen und Knoblauch-Auflauf braten; und die Krämer überbieten einander an wohlgelittenem Enthusiasmus. Über einem Laden steht

Hauptpalast von Labná (Yucatán)

in Flammenschrift: ›Bienvenido sea al Iris de la Paz‹: ›Willkommen dem Regenbogen des Friedens!‹ Der ›Regenbogen‹ ist Diaz.

Veracruz, 25. November 1896.

Den Tag über nach Veracruz hinuntergefahren. Der Höhenunterschied, den die Bahn überwindet, beträgt etwa achttausend Fuß.

Das Auffallendste bei diesem Abstieg ist der Wechsel in der Pflanzenpsychologie. Oben sichern die ungünstigen Entwicklungsbedingungen jeder Pflanze genügenden Raum; die Kiefern, Kakteen und Magueysträucher richten daher ihre ganze Kraft auf die Bekämpfung und Ausnutzung der rauhen Natur. Unten gelangen infolge der Fülle von Licht, Wärme und Nahrung mehr Keime zur Reife, als Wesen Platz haben; hier entstehen Pflanzen, die nur durch Vernichtung von anderen Pflanzen sich und ihre Art erhalten können: die tropischen Waldblumen, die Orchideen und die blühenden Lianen; Wesen, die ihre Wurzeln wie Krallen in die Äste schlagen und deren Blüten die gesprenkelte Schönheit des Panthers und Tigers haben, Raubblumen; und zugleich Satyrblumen, deren Lüsternheit in den gigantisch vorgestreckten Pistillen, in den wollüstig geöffneten, üppigen Kelchen und im betäubenden, brünstigen Duft wie ein aphrodisischer Zauber den Wald umschwebt.

So beim Abstieg ist die Landschaft grandioser als im Hochtal selbst; die Ebene, die fern in bläulichen Dunst verschwimmt, liegt abends wie ein großes, stilles Meer zu Füßen der wilden Gebirgswelt.

Veracruz, 23./24. November 1896.

Über Veracruz ist kaum ein Wort zu verlieren; Straßen, Tiere, Menschen und Neger sind gleichmäßig schmutzig. Ihre gelbgraue Staubkruste ist nicht weniger eintönig als der fade Verwesungsgeruch, der wie ein allgegenwärtiger fauler Odem die Stadt erfüllt. Die gesetzlich geschützten städtischen Aasgeier, denen das Monopol der Straßenreinigung gesichert ist, haben sich überfressen und besorgen ihr Geschäft schlecht oder gar nicht. Sonst ist nur noch der Profit bemerkenswert, den der Verkauf von Grabdenkmälern den Galanteriewarengeschäften bringt; jetzt sieht man in den Schaufenstern nur noch Restbestände; die neuen Muster werden zur Gelben-Fieber-Saison im Sommer aus Italien eingeführt und ›gehen‹ dann besser als die laufenden Artikel, wie Reisetaschen oder Krawatten. Den Kommentar zu diesem Geschäft bieten die armen großen Fieberaugen der Kinder und Frauen, die man abends auf dem Platz bei der Musik sieht, zur Stunde, wenn die Seebrise weht.

Auf See, 24. November 1896.

Mittags haben wir die Anker gelichtet. Der Tag ist stürmisch und warm; tropischer Herbst. Schwärme von fliegenden Fischen umschwirren wie blaue Libellen das Schiff. Wolken ziehen von Norden her. Die See gleicht im Sturmesdunkel geschmolzenem Amethyst; die Wellen rollen vor dem schwülen Winde langsam nach Süden.

IV

Yucatán

26. November 1896.

Sehr früh ankerten wir heute vor Progreso, drei Seemeilen von Land. In der Ferne glich der Strandsaum einer vom Meer bespülten Sandbank. Nur einige Palmenkronen hoben sich darüber dunkel und klein vom Himmel ab.

Man segelt in Fischerbooten an Land. Nach der Hauptstadt Mérida fährt eine Eisenbahn. Die Gegend, die sie durchschneidet, ist steinig und flach; nirgends ein Hügel und außer in den Küstenlagunen nirgends Wasser. Die Vegetation zieht ihre Feuchtigkeit nur aus den Grundgewässern. Sie sprießt trotzdem, wo sie nicht gewaltsam ausgerottet wird, üppig empor. Ein dichter Urwald reicht stellenweise bis an die Schienen heran. Aber überall weicht sein zügelloses Leben der streng geregelten Uniformität der Aloekulturen; auf den Feldern folgen einander bis ins Endlose parallele Agavenreihen, perspektivisch konvergierend; und am Horizonte ragen hier und dort zwischen Palmen die Schornsteine von Maschinenhäusern auf. Die Plantagenlandschaft ist bereits an die Stelle der tropischen Natur getreten. Der Mensch ist gezwungen, alles Unabhängige, Freie, das ihm nicht dient, zu knechten oder zu zerstören. Er legt damit allmählich der Welt, die ihn hervorgebracht hat, eine teleologische, auf seine Erhaltung gerichtete Bedeutung bei; alles, was ihm nicht dient, geht zugrunde; er selber ist es, der sich, wie früher ideell, so jetzt praktisch zum Zwecke der Schöpfung macht.

Mérida, 26. November 1896.

Die Rasse ist hier von der mexicanischen verschieden; heller, schlanker, schlaffer. C., der Yucateke ist, meint: »Der Mexicaner ist schmutzig, reitet und stiehlt; der Yucateke ist reinlich, reitet nicht und betrügt.«

Der Mittelpunkt der Stadt ist ein gewaltiger und ernster Renaissancedom, dessen Steinmassen fast den Eindruck des Romanischen machen. Er ist schon 1598 fertig geworden, wenig mehr als fünfzig Jahre nach der Eroberung. – Die Spanier verpflanzten gleich zu Anfang mit dem Katholizismus auch ihre religiöse Kunst mit in ihre Kolonien, so eng hing die Kunst bei ihnen mit der Kirche zusammen. England gab seinen Puritanern nichts mit als ihre Moral und die Glaubensartikel. Das kennzeichnet, wie verschieden die Seelenbedürfnisse waren, denen die Religion in Nord- und Südeuropa diente. – Vielleicht ist deshalb in Nordamerika statt der importierten, oft reizenden, aber dekadenten und welken Kunst der spanischen Kolonien langsam Eigenes gewachsen. Im spanischen Amerika sind die einheimischen Keime nie zur Reife gelangt; und doch waren sie vorhanden und sind es noch. Don Ernesto R., dem ich empfohlen bin, bewohnt einen Palast, der den italienischen an solider Bauart und Dimensionen nichts nachgibt;

Säulengänge um schattige Höfe, Zimmerfluchten, in denen jedes Zimmer sechs Meter hoch ist, Marmorfußböden und Antikensammlung. Man empfindet dort wie in Italien scharf die kleinbürgerliche Enge unseres nordeuropäischen Lebens. Bei uns scheitert alles an der Notwendigkeit, monatelang zu heizen; im Süden vergrößert das Bedürfnis nach Kühle die Räume. Es hätte hier bei der Prunkliebe und dem Überfluß an Geld und Sklavenmaterial seit dem siebzehnten Jahrhundert eine den tropischen Lebensgewohnheiten angepaßte einheimische Kultur großartigen Schnitts geben können. In Nordamerika werden die Möglichkeiten, die die verbesserten Heizeinrichtungen und der fast tropische Sommer bieten, ausgenutzt. Hier stehen in den riesigen Räumen, die auf Palmenhöfe blicken, Stubenmöbel, die in Österreich fabriziert sind.

Ticul, 27. November 1896.

Auf der Reise nach Uxmál* in Ticul, einem großen Eingeborenendorf, beim Forschungsreisenden Theobert Maler übernachtet. Von der Haustür sieht man jenseits des Marktplatzes eine verlassene Franziskanerabtei, in deren verfallenen Sälen schon ein Laubwald emporwächst. Und nach allen Richtungen strahlen dichte Brotbaumalleen zwischen den Höfen der Eingeborenen in die Felder hinaus. Auf den Wegen stehen heute abend vor jeder Hoftür die Weiber in kleinen weißen Gruppen schwatzend zusammen; bei den nächsten erkennt man die einzelnen Frauen: helle, schlanke Gestalten im Ypil – so heißt ihr Maya-Lei-

* Sprich Uschmál

nengewand –; die Glieder schimmern durch das dünne Gewebe wie durch ein griechisches Peplon hindurch; das Kopfhaar ist hoch hinaufgesteckt, die Haut blaß. Als Schmuck lieben sie Korallen.

Uxmál, 28. November 1896.

Von Ticul nach Uxmál führt der Weg durch einen von Schlingpflanzen erstickten Urwald. Blühende Lianen breiten sich bis über die Baumkronen weg, dicht verschlungen wie ein buntes Tuch, einige mit hellroten, kleinen Kelchen, andere mit herabhängenden mattlila Glocken, die meisten mit großen, blauen Sternen, alles so dicht verstrickt, daß man nicht mehr einzelne Bäume, Stämme, Äste unterscheidet, sondern nur diese den Weg einengenden Mauern, dieses steigende Meer von wilden Blüten, in dessen Tiefen man zu beiden Seiten wie in Dornröschens Märchenwald hineinsieht. In ihm liegen die Städte und Fürstenhöfe der Mayas begraben.

Eine halbe Stunde vor Uxmál ist noch eine Lichtung und eine öde, fieberverrufene Hazienda; dann steht man vor den ersten Trümmern, einem wilden Wellengeröll von eingestürzten Mauern, Architrav- und Skulpturstücken, Pyramiden und Schutthaufen mitten im blühenden Wald. Meilenweit erstreckt sich nach allen Seiten unter Lianen und Dornen das Trümmerfeld. Erhaltene Gebäude ragen nur an einer Stelle über die Urwaldwipfel empor; auf Terrassen und Steinpyramiden dicht beieinander dreizehn Paläste und Tempel.

Von Maßen geben nur Zahlen einen Begriff. Nach Holmes ist der Hauptpalast dreihundertzwanzig Fuß lang und

Das Taubenhaus (Casa de las Palomas) von Uxmál
(Yucatán)

hat Steinmauern von anderthalb Meter Dicke. Die große Pyramide soll dreihundert Fuß an den Seiten lang und eine kleinere achtzig Fuß hoch sein. Die anderen Gebäude sind in ähnlichem Maßstäbe aufgeführt. Und alle verbinden sie mit diesen Größenverhältnissen in gleicher Weise glatte Eleganz und üppige Ornamentik. Die Außenmauern sind jedesmal in halber Höhe, dort, wo innen das Gewölbe anfängt, durch ein schräg vorladendes Gebälk in eine untere und obere Hälfte geteilt. Die untere ist schmucklos und aus viereckigen Blöcken glatt wie vom Schreiner gefügt. Die obere ladet erkergleich vor und bildet eine breite, das Gebäude umziehende Ornamentfläche. Aus dieser springen noch einzelne Spitzen und Haken horizontal vor und umgeben den Oberbau wie mit einem Kranz von Stacheln. Wahrscheinlich soll diese schwere Ornamentlast die inneren Gewölbe, die aus vier nach dem Prinzip des Kartenhauses gegeneinander gelehnten Betonmassen bestehen, nach außen balancieren, um sie durch Gegengewicht am Einstürzen zu hindern. Die Folge aber ist, daß die Gebäude von unten nach oben nicht schmäler und leichter, sondern massiver und breiter werden und daß die natürlichen Verhältnisse wie in einem Traume auf den Kopf gestellt scheinen.

Nicht minder phantastisch gibt sich die Aufstellung der Bauten, die ebenfalls aus praktischen Bedürfnissen hervorgegangen ist. Sie sind ein jeder für sich auf einen künstlichen Hügel gestellt; die meisten auf mehreren übereinander aufsteigenden Terrassen; die wichtigsten, die Haupttempel, auf Pyramiden, die durch die Anzahl und das stufenartige Schmälerwerden von aufeinander getürmten Terrassen entstehen. In den ältesten Zeiten standen auf den Stufen der Pyramide die Wohnstätten des

Stammes, und die ganze Ansiedlung bildete so, statt wie in Asien und Europa durch Wälle geschützt zu sein, selbst eine Festung um das zuhöchst am sichersten Ort liegende Heiligtum. Es ist eins der ersten Bedürfnisse jeder menschlichen Gesellschaft, das sich hier diese unserer Gesittung fremde Form geschaffen hat; so weit reicht zum mindesten die Trennung zwischen den Rassen der europäisch-asiatischen Kulturwelt und denen der amerikanischen zurück. Das ganze architektonische Empfinden ist davon beeinflußt. Aus den verschiedenen Keimen haben sich andere ästhetische Gesetze und architektonische Ideale entwikkelt. Von der Stadt mit ihren zahlreichen einander überragenden Pyramidenkolossen würde ein Lageplan keinen Begriff geben. Sie ordnet sich nicht horizontal auf eine Fläche, sondern vertikal in die Höhe. Ihr Charakter liegt in einem Höhenrhythmus. Sie ist eine Versammlung von dicht aneinander gerückten Akropolen, die, von Palästen und Tempeln gekrönt, jetzt aus dem Urwald aufragt.

Und auch im einzelnen empfindet man überall, daß für andere Nerven und Sinne als die unsrigen gearbeitet worden ist, denen andere Assoziationen als den unsrigen möglich waren und die stärkere Erschütterungen und eine eindrucksvollere Sprache verlangten; so sehr, daß es schwerhält, mit unseren Wörtern, die aus anderen Bildern geprägt sind, von dieser Kunst einen Begriff zu geben. Man müßte krassere, blendendere, mystischere Zeichen haben, um den Pomp und den Ernst des allein auf seinen Terrassen stehenden Hauptpalastes wiederzugeben oder die wilde Pracht der Nordpaläste zu schildern, die, zu vieren feierlich Stufe um Stufe emporsteigend, einen Platz umlagern; Riesenschlangen umringeln hier im höchsten Relief mit gefiederten Leibern den einen Flügel; einen anderen schmückt, sechsmal hieratisch wie eine liturgische Formel wiederholt, in kolossalem Maßstabe ein einziges Ornament, eine umgekehrte Balkenpyramide, auf die Schlangen- und Menschenköpfe genagelt sind. Ein Riesenmäander krönt eins der Portale, aus dessen erhabener Starrheit phantastische Masken wie Medusenköpfe hervorblicken; und rostrenartig springen an den Palast-Ecken zu mehreren übereinander Elefantenrüssel und Schlangenstachel vor. Am fernsten stehen vielleicht aber aller modernen Kultur gewaltige Fragmente, deren sonderbare Form vermuten läßt, daß in Uxmál die für uns grandios unmögliche Sitte herrschte, als Grabstein der Großen das Emblem des sich ewig selber neuschaffenden Lebens aufzustellen. Und wie diese Pfeiler, so waren wahrscheinlich alle anderen Bildwerke hier Symbole; sie hüllten für das Mayavolk die Gebäude in ein Phantasiegewebe, das die Üppigkeit ihrer Steinformen überbot.

Die Beschreibung der einzelnen Bauten müßte, wenn sie möglich wäre, wie ein Märchen klingen. Ich möchte hier nur zwei davon andeuten. Im Süden der Stadt liegt ein Palast, von vieren der einzige noch erhaltene. Die Indianer nennen ihn das Taubenhaus. Es ist ein langgestreckter Bau, und durch seine Mitte führt ein Portal in einen großen Hof. Die Gewölbe der Palastkammern sind eingestürzt, und wildes Kraut wurzelt in ihren Wänden. Aber darüber steht noch wie durch ein Wunder der Dachfirst, acht Steindreiecke nebeneinander in einer Reihe mit vielen Fensterchen versehen und dünn und flach wie Theaterkulissen; eine jede Zacke überragt den Palast spitz um dessen doppelte Höhe. Sie waren früher mit hellroter Farbe gestrichen

Schlangenkopf von Chichén Itzá (Yucatán)

und standen flammenfarben wie Hahnenkämme in den Himmel. – Noch rätselhafter sieht ein anderes Bauwerk aus. Zwischen den Hauptpalästen steigt aus der Ebene schmal und hoch eine Pyramide auf. Eine Treppe führt hinauf, die so steil ist, daß, wer im Aufsteigen zurückblickt, fast senkrecht unter sich den Erdboden sieht. Oben geht ein schmaler, geländerloser Umgang um das kleine Gebäude, das die Pyramide krönt, herum zu einer engen Pforte. Es ist dies, was die Eingeborenen das Haus des Wahrsagers nennen. Die Tür ist kunstvoll verziert und stellt gleichsam den aufgerissenen Rachen eines Schlangenkopfes dar, dessen Riesenaugen den Türsturz bilden. Im Innern sind drei lichtlose Räume. Vor der Schlangentür ladet der oberste Plan der Pyramide wie zu einer Warte viereckig aus, und dieses Viereck bildet das Dach eines zweiten, kleineren Gebäudes, das in halber Höhe in die Pyramide hineingebaut ist. Nur der Haupttempel steigt höher als diese Pyramidenanlage über die Stadt empor; man sieht sie von allen Seiten, und überall macht sie denselben, wahrscheinlich gewollten, unzugänglichen, unheimlich verschlossenen Eindruck. Mit der düster schweren Massivität ihrer Steinterrassen und der dunklen Symbolik ihrer Arabeskenpracht überragt sie wirklich wie eine Orakelstatt den wilden Reichtum der zu ihren Füßen im Walde vergrabenen großen Stadt.

29. November bis 1. Dezember 1896.

Da R. behauptete, daß wir, mit einigen Äxten bewaffnet, von Izamal nach Chichén-Itzá im Volán, der landesüblichen, zwischen zwei Lederriemen hängenden und von

Maultieren gezogenen Sänfte, durchkommen könnten, sind wir des Gepäcks wegen gefahren und mitten im Dschungel steckengeblieben. Eingeborene Führer haben uns dann zu Fuß auf Waldwegen über Pisté, den letzten Vorposten der mexicanischen Regierung, nach Chichén gebracht. Des Tags strömte der Regen. Nachts aber flimmerten in den Baumwipfeln die Feuerfliegen auf, und darüber gingen die Sterne. Ich habe die Welt, ich meine das der Seele Fremde, nie mächtiger empfunden als hier gerade in der Dunkelheit. Das Übergewicht der Augen beim Spiegeln des Lebens ist nachts geringer; und nun flutet das Werden in der Überfülle, zu der es sich hier entfaltet, in alle Sinne, in jeder Form der menschlichen Sinnlichkeit zu Millionen von Eindrücken sich gestaltend, vom Surren und Flattern und Duften und Rauschen und Glitzern und Flimmern des Tropenwaldes bis zu den kühlen Berührungen der hier regelmäßig in gewaltigen Strömen hin und her flutenden Erdatmosphäre und zum stechenden Glanz der südlichen Sterne.

Chichén-Itzá, 1./3. Dezember 1896.

Wir genießen hier die Gastfreundschaft des Rancho von Chichén, den ein amerikanischer Gelehrter, Herr T., sich seit zwei Jahren als wissenschaftliches Hauptquartier eingerichtet hat. Das große, weißgetünchte Wohngebäude liegt, von einigen Hütten umgeben, mitten im Walde. Jenseits der Hütten stehen noch die eingestürzte Kapelle und die Wirtschaftsgebäude der früheren Hazienda von Chichén-Itzá, die von feindlichen Indianern mitsamt dem Besitzer verbrannt worden waren. Hier ist die Barbarengrenze. Im Süden, bis nach Honduras hin, haben die Stämme die mexicanische Herrschaft abgeschüttelt. In einiger Entfernung lagern im Walde Kundschafter, die vom Nahen von Sublevados, von Rebellen, wie hier die freien Indianer heißen, durch Signalraketen Nachricht zu geben haben. – Die Kapelle des Rancho ist noch rauchgeschwärzt; die früheren Ökonomiegebäude bedeckt schon der Wald. Man staunt immer wieder, wie reich die Natur hier alles in Leben verwandelt.

Die Ruinen von Chichén-Itzá sind ausgedehnter als die von Uxmál. Von den Pyramidenspitzen sieht man noch am Horizonte Tempel und Trümmerhaufen aus dem Walde emporragen; und nichts kann an melancholischer Größe diesen Blick übertreffen. T. versichert, daß man in einem Umkreis von acht Kilometern rings um den großen Tempel herum keine hundert Meter weit gehen kann, ohne auf Trümmer von Steingebäuden: Säulentrommeln, Inschriftenblöcke oder Skulpturenfragmente, zu treffen. Die Stadt muß danach einen Durchmesser von sechzehn Kilometern und wahrscheinlich mehrere Hunderttausende von Einwohnern gehabt haben. Selbst dann aber ist die Fülle von Tempeln und von Fürsten- und Adelspalästen erstaunlich; denn nur sie wurden aus Stein erbaut. – Jetzt ist alles dichter Wald, und in den Tempelkammern findet man Schlangen- und Pumaspuren. Die Trümmer in der Wüste sind weniger ernst als diese unter Baumwipfeln und hängenden Blüten; denn dort besteht kein Kontrast mit dem Leben.

Es ist in der kurzen Zeit unmöglich, alles zu besuchen, und vieles wäre nur durch tagelanges Fällen von Bäumen und Gestrüpp sichtbar zu machen. Erreichbar sind zwei Paläste, fünf oder sechs gut erhaltene Tempel und einige von den sogenannten Cenotes. Diese Cenotes, die in Yucatán häufiger vorkommen, sind eingefallene Kalksteinhöhlen, in deren Tiefe unterirdische Flüsse ans Licht treten. Andere fließende Gewässer fehlen im Lande; die Bewohner waren von jeher für ihren Wasserbedarf auf die Cenotes und auf Regen angewiesen. So bildeten sich um diese Erdspalte die Städte. Der größte Cenote von Chichén-Itzá liegt in der Nähe des Haupttempels. Er mißt etwa hundert Fuß im Durchmesser. Die Höhlendecke ist kreisrund eingestürzt; in der Tiefe erscheint der Fluß still und schwarz wie ein Brunnen. Ein schmaler Pfad führt hinunter; die Luft unten ist am Tage frischer als oben im Walde und das Wasser kühl und angenehm zum Baden. Über sich sieht man nur ein kleines Stück freien Himmels, von dichten Baumkronen rund begrenzt; zum Waldboden steigen rings um den Wasserspiegel die Felsen gerade empor; an Ecken der Felsenwand klammern sich Fächerpalmen; Lianen und Wurzeln hängen lang von oben herunter. Hier war zu der Maya Zeiten der Mittelpunkt der Stadt. Tempel von Wassergöttern umstanden den Rand; und in großen Dürren wurden ihnen von oben als Opfer Mädchen und Gold in die Tiefe gestürzt.

Das Haupttheiligtum der Stadt war der Schlange, wahrscheinlich dem Sinnbild der schaffenden und zerstörenden Sonnenkraft, geweiht. Es steht auf einer hundert Fuß hohen, in vierzehn Stufen aufsteigenden Terrassenpyramide. Schlangen ringeln sich von oben an den Ecken der Pyramide in großen Bogen von Stufe zu Stufe herunter und bewachen die Aufgänge zähnefletschend. Zwischen ihren gefiederten Leibern führten an den vier Pyramidenseiten Treppen hinauf zu den vier Pforten des Tempels. Die Säulen des Hauptportikus sind Drachen, deren Ringe sich wie Querkannelüren um den Säulenschaft winden. Die vorgestreckten, riesig vergrößerten Stachel bilden die Treppenwangen; der Schweif schlägt sich am Gebälk empor; der Kopf ist groß stilisiert und zeigt Reste von Bemalung: an den Augen blau und im Rachen rot. Von oben bis unten waren der Tempel, die Pyramide und ihr Ungeheuerschmuck farbig. So standen sie grell über der Stadt am tropischen Himmel.

Die beiden Paläste geben an burgartiger Schwere und üppiger Prachtentfaltung denen von Uxmál nichts nach. Ein buddhaartiges Götterbild bewacht inmitten eines Glorienscheins das Ostportal des Hauptpalastes. Über seinen inneren Pforten stehen schöne, klargemeißelte Schriftzeichen. Die kühne, fast japanische Eleganz der Muster an den Palastwänden, der Ernst der aus den Arabesken hervorblickenden Menschenköpfe und der große Stil der Tierornamentik übertreffen sogar, was in Uxmál sich erhalten hat.

Der wirksamste Unterschied gegen dort ist aber, daß die Skulpturen hier infolge ihres Reichtums an Tier- und Menschenformen die Illusion erwecken, wie wenn ihre Sprache für uns lebendiger geblieben sei als die Symbole von Uxmál, die wir nur noch als Ornamente empfinden. An den Türpfosten des Schlangentempels haben die Bauherren sich selbst: die Priester- und Kriegerkaste, darstellen lassen, in flachem Relief, das fein in den grauen Stein gemeißelt ist; die dünne Farbenschicht, die darüber lag, ist meistens abgeblättert: aber hier und dort haben die Lippen sich rot erhalten. Der Schnitt des Gesichts ist edel; die Nase fein geschwungen; die Wangen schmal und das Auge groß und ernst. Alle tragen den Gürtel des Kriegers und den gestickten Mantel des Priesters. Das sandalenartige Schuhwerk war verziert, und vom Stirnreif weht reicher Federschmuck. In der Kammer eines anderen Tempels stellt ein flaches Relief, das sich von einem mit Eisenoxyd leicht geröteten Grunde abhebt, einen Kriegstanz dar. Die Tanzenden halten in der einen Hand einen Bündel Speere und in der anderen den eigentümlich gefiederten Maya-Wurfpfeil; den Kopf schmückt ein phantastisch reicher Federschmuck. Auf fünf Friesreihen übereinander entfaltet sich der heilige Reigen; die Tanzenden schreiten feierlich langsam, schwingen die Leiber hin und her, biegen geschmeidig die schlanken Körper und strecken verehrend starr die Arme. Oben sitzt eine von lockigen Federn umwallte Gestalt, die vielleicht die Gottheit darstellt. – Ganz in der Nähe ist noch der Schauplatz erhalten, auf dem sich diese und ähnliche Handlungen abgespielt haben mögen: ein kolossaler rechteckiger Hof oder Zwinger, auf dessen zehn Meter dicken Umfassungsmauern drei kleine Tempel standen. Der Zwinger diente wahrscheinlich dem Ballspiel und heiligen Wettkämpfen. Ein Steinkreis, durch dessen Öffnung beim Spiel die Bälle geschleudert wurden, steht noch kunstvoll verziert quer aus der einen Längsmauer heraus. – Und doch lehrt Chichén-Itzá, trotz dieser anekdotenhaften Aufklärungen in betreff von Äußerlichkeiten, über das Wesentliche, das innere Leben der Maya-Menschheit, nicht viel mehr als Uxmál. Es sind bloß einige Züge, die hinzukommen und die wie Blitze Perspektiven erleuchten, in die es doch versagt bleibt klar hineinzusehen. In der Cella des einen Tempels haben sich Wandmalereien erhalten, welche auf die Anfänge der Naturbeobachtung bei den Mayakünstlern ein Licht werfen. Die Bilder, die Szenen des Mayalebens behandeln, bedecken wie in einer ägyptischen Mastaba die ganzen Wände. Die Pigmente sind auf eine dünne, schön geglättete Stuckschicht aufgetragen. Die feinen Konturen der Zeichnung scheinen durchweg braun gewesen zu sein, die Farben überhaupt nicht nach der Natur, sondern nach symbolischen Regeln gewählt: gelb, wie ich glaube, als Farbe des Krieges, blau des Friedens, grün der Trauer. Modellierung und Perspektive fehlen. Und auch in den Gesichtern ist eine genaue Beobachtung und Individualisierung nicht einmal versucht; die Figuren haben untereinander die Ähnlichkeit von Hieroglyphenzeichen. Und doch führen sie schon richtig differenzierte Bewegungen aus; hier hat der Künstler scharf gesehen. Wie bei den frühsten griechischen Vasen und wieder bei der Neugeburt der Kunst im Mittelalter in Verona und Chartres, beginnt der Realismus auch hier mit dem richtigen Wiedergeben nicht von Formen oder Farben, sondern von Bewegungen, die den älteren subjektiven, strengen Ornamentalismus allmählich auflösen, indem sie ihn immer mehr mit objektiv beobachtetem Leben erfüllen. – Ein anderes Gemälde läßt Vermutungen zu über die Entstehung der Schrift, deren selbständige Erfindung in Amerika dasselbe eigentümliche Interesse besitzt wie die selbständige Ausbildung der Sprache, des Begriffs, indem auch sie die Notwendigkeit, die alle menschlich-gesellschaftliche Entwicklung beherrscht, durch ein Beispiel belegt. Das Bild zeigt einen Krieger, der aus dem Munde Flammen speit. Offenbar ist diese Darstellung eine ins Sichtbare übersetzte Sprachmetapher. Der Künstler unterschied in der ersten Zeit nicht das Zeichen für den Geist vom Zeichen für das Auge. Mit dem Bewußtwerden des Unterschiedes entsteht die Schrift. – Aber ebenso wie in Uxmál fehlt auch hier die Möglichkeit, über das Allgemeinmenschliche hinaus, welches sozusagen konstruierbar ist, in jenes Individuelle der Seele einzudringen, das bloß durch ein Bekenntnis, eine Mitteilung offenbart werden kann. Wir kommen an alles nur von außen hinan, und so bleibt es im Grunde genommen stumm und tot. Das gibt ein Gefühl, wie wir es Denkmälern der alten europäisch-asiatischen Kultur gegenüber kaum mehr empfinden.

Höhlen von Loltoun, 7. Dezember 1896.

Ich habe mich von T. bestimmen lassen, im großen Walde einen Abstecher nach den Höhlen und unterirdischen Tempeln von Loltoun zu machen. Nach seinen Angaben haben wir heute den Eingang gefunden. Er liegt in einem Dickicht unter Gestrüpp und gestürzten Baumstämmen versteckt. Man steigt über Stufenfolgen und an Baumwurzeln in einen Schacht hinunter, der zu einer meilenlangen Folge von unterirdischen Hallen hinabführt. Breite, grünliche Lichtgarben, die durch die Risse der Decke brechen, erhellen die ersten Räume; mit Fackeln kann man noch stundenlang weiterdringen. Zahlreiche Raubtiere, die nach Sonnenuntergang in den Wald hinaufsteigen, bewohnen, wie die Eingeborenen sagen, die Tiefen der Höhle; auf dem feinen Sand, der den Boden bedeckt, waren Pumaspuren.

Der Höhlenkomplex gehört in seiner Ausschmückung zu den rätselhaftesten Denkmälern der ältesten yucatekischen Kultur. Unbekannte Bildner haben die Stalaktitenspitzen zu Tigerköpfen umgemodelt, in die Wände kolossale Totenschädel gebohrt, niedergestürzte Felsenblöcke zu Tier- und Menschenähnlichkeit geformt und aus Steingeröll durch kühne Meißelschläge Schädelhaufen gemacht. Im Wandel der Sonnenstrahlen, die langsam über das einzelne hingleiten, verschwimmen die Bilder beständig wechselnd ineinander. Nur allmählich erkennt man im Dämmerdunkel flach in den Felsen geritzte Tiger- und Totengerippe und unter Stalaktitenmassen, die sich neu gebildet haben, was vielleicht die verschwindenden Umrisse von Riesengötzen sind. Diese Undeutlichkeit der Linien unter den neuen Kalksteinschichten im fahlen Licht der gewaltigen Hallen erweckt durch die Phantasie eine Art von Angst, die dem Schwindel verwandt ist; auch das Natürliche, nicht von Menschenhand Geformte, die hängenden Felsenmassen der Höhlendecke, die Feuchtigkeit, die in dunklen Flecken aus den Wänden sickert, der grünlichglatte Pflanzenschleim, der stellenweise die Felsen überzieht, werden wie die ringsum verschwimmenden Formen für das Auge zu entsetzlichen Gestalten und zu Symbolen der Zerstörung, der Verwesung und des Todes. Die deutlich gemeißelten indischen Höhlentempel sind weniger eindrucksvoll als dieser Lemurenort, dessen weite Gewölbe nur von Schatten von Formen bevölkert werden. Die Überlieferung sagt nicht, welchen Mysterien dieser Hades gedient hat.

❀

Tabi, 8. Dezember 1896.

Ich habe heute nacht in Tabi, der Hazienda des Don Eulogio D., meine Hängematte anhängen können und bei dieser Gelegenheit eine der größten Plantagen von Yucatán kennengelernt. Einhundertzweiundneunzig Quadratkilometer, die neueste Maschinerie und als Personal zweihundert Arbeiter: einen pro Quadratkilometer. Ein Dutzend Familien spanischer Abstammung besitzt unter solchen Bedingungen, was von Yucatán noch mexicanisch ist, und hält sich die ganze Indianerbevölkerung als Schuldknechte zu Hörigen. – Die Haziendados hintertreiben auf jede Weise die pekuniäre oder geistige Emanzipation ihrer Leute. N. verhindert seine Knechte, lesen und schreiben zu lernen; er nutzt dazu ihren Mangel an Selbstbeherrschung und Ausdauer aus. Wenn einer ihn bittet, lernen zu dürfen, zwingt ihn N., regelmäßig Stunden zu nehmen; er sieht darauf, daß er jeden Tag zum Lehrer geht. Nach einiger Zeit kommen die Leute selbst zu ihm und bitten, vom Zwang dispensiert zu werden. Er will damit gute Erfolge gehabt und die Zahl der Analphabeten stark vermehrt haben. – Der regelmäßigen, ausdauernden Willenstätigkeit sind die heutigen Mayas psychologisch unfähig. Ihr Charakter ist noch stärker als der mexicanische vom Klima beeinflußt. Die Seele des Mannes hier ist die eines zu schnell reif gewordenen Kindes; der Energieverbrauch im Knabenalter übersteigt seit Generationen die Ersatzmöglichkeiten; gleich diese erste Entwicklung erschöpft die Kraft. R. verheiratet auf seiner Hazienda die Jungen spätestens mit sechzehn Jahren; es soll das einzige Mittel sein, Ordnung zu halten. Von Kraftlosigkeit zeugt schon der Gang der Männer; man sieht sie kaum anders als mit gekreuzten Armen, unterwürfig, wie resigniert ihres Weges gehen. Geld ist ihnen gleichgültig, der Reiz des Verdienstes nicht stark genug, um ihre Apathie zu überwinden; durch Bezahlung sind sie zu nichts zu bringen; nur der Priester oder Gewalt und äußerer Zwang sollen wirksam sein; die Haziendados entschuldigen damit ihr Behandlungssystem. – Inwieweit die natürliche Gleichgültigkeit von der alten Erfahrung verstärkt worden ist, daß der spanische Grundherr jeden Verdienst, jedes Ersparte, so oder so, als Raub oder Zins, immer bald wieder an sich bringt, inwieweit also die Haziendados selbst an der Trägheit, unter der sie zu leiden behaupten, schuld sind, ist nicht genau abzumessen; gewiß hat auch diese historische Ursache, und zwar im selben Sinne wie die ältere, klimatische, auf die Bildung des Mayacharakters eingewirkt. – Auch die Sinne scheinen infolge der größeren Willensschwäche stumpfer zu sein als selbst in Mexico, die Reaktionen träger, die Aufmerksamkeit schlaffer. Maler sagt, daß er oft auf Haziendas mitten in der Fassade oder über der Viehtränke große Mayaskulpturen eingemauert gefunden habe, deren Existenz selbst vom Besitzer und von den Knechten bestritten wurde, bis er sie ihnen zeigte. Sie hatten sie nicht nur mißachtet wie ein deutscher Bauer, sondern Tausende von Malen davorgestanden, ohne sie zu sehen.

Infolge ihrer Energielosigkeit sollen die Indianer auch gegen die Herrschaft der Haziendados nicht murren; sie müßten heftiger, durch Ungewohntes gereizt werden, um zu klagen. Aber Yucatán, das vor Ankunft der Spanier wohl mehrere Millionen von Menschen ernährte, ist jetzt eine Waldwildnis mit dreihunderttausend Einwohnern, und die Fiebergefahr steigt in Wechselwirkung mit der Entvölkerung. Trotzdem frißt die Sklavenrasse das Herrengeschlecht allmählich auf; die spanischen Familien vermischen sich immer mehr mit Indianerblut oder sterben an Inzucht und vor allem am Aussatz aus. Man könnte den

Moment fast vorausberechnen, wann ohne Kampf auch der Rest von Yucatán in die Hände seiner Urbesitzer zurückfallen müßte. Doch werden die Nordamerikaner wohl vorher eingreifen, wirtschaftlich und vielleicht auch politisch.

Sabaktché-Labná, 8. Dezember 1896.

Von Tabi bis Labná, sechzehn Kilometer weit, führt der Weg, der für Voláns passierbar ist, fast ununterbrochen an Trümmern vorbei. Der Augenschein bestätigt hier, was Molina sagt: daß bei Ankunft der Spanier ganz Yucatán einer einzigen Stadt geglichen habe. Maler allein hat zwischen hier und Guatemala in der Waldwildnis die Trümmer von hundert großen Städten, eine jede mit weiten Terrassenanlagen, Steinpalästen und reichgeschmückten Tempeln, gefunden, und wie zum Hohne laufen streckenweise neben dem erbärmlichen modernen Holzwege die Fragmente der wie ein Damm fest aus Stein aufgeschütteten Mayastraße hin.

Ich bin unterwegs nur zweimal ausgestiegen. – Zuerst bei Mulottseca, wo kaum hundert Schritt vom Wege entfernt, in einem Dornenfelde, ein kleiner Steinpalast steht. Er ist so fein und anmutig gebaut, daß sein Säulenfries trotz seiner Zierlichkeit für den schmalen Unterbau fast zu schwer erscheint. Mit der größten Sorgfalt sind die Bauglieder geglättet und ineinandergefügt, und der Elfenbeinton des Steins gibt weiche und tiefe Schatten. Im Innern sind nur zwei Räume. Der Bau diente, wenn er nicht ein Tempel war, vielleicht als Lustschlößchen oder Sommerhaus eines Mayafürsten.

Nach einer Stunde haben wir noch einmal, bei den Hütten von Sabaktché, gehalten. Hier liegen über einige Quadratkilometer die Trümmer einer größeren Stadt verstreut. Verschiedene Tempel und zwei Paläste stehen noch. Der eine Palast ist zweistöckig und einfach, aber geschmackvoll mit Steinornamenten verziert. Am anderen, weit bedeutenderen, stützen das Gebälk mächtige, zu dreien gekuppelte Halbsäulen. Die Bauten sind so in Vergessenheit geraten, daß es mehr Mühe kostete, ihre Lage von den Indianern zu erfahren als sich durch die Dschungel zu ihnen hindurchzuhauen. Der größere Palast war bisher unbekannt. Ich habe ihn durch Zufall entdeckt, während wir nach zwei angeblich gut erhaltenen Tempeln suchten. Die Tempel dagegen blieben im Walde verborgen.

Labná liegt in einem Talkessel des kleinen Hügelzuges, der Yucatán im Osten durchzieht und der heute noch die meisten Ruinen birgt, weil die spanischen Grundherren hier weniger als in der Ebene mutwillig zerstört haben, um sich Äcker zu schaffen. Die Ruinen sind, da sie an den Hügelabhängen über den Wald emporragen, leicht zu finden. – Ein Tempel, der wie das Taubenhaus in Uxmál von einer viereckigen, gewaltigen Steinkulisse überragt wird, gehört zu den phantasievollsten Bauten Yucatáns, und auch die beiden Paläste geben denen von Uxmál und Sabaktché nichts nach. – Aus dem kleineren Palast machen harmonische Verhältnisse und lieblich-phantastische Ornamentik ein Steinjuwel. Er gleicht an zierlicher Anmut, obgleich er im übrigen größer und reicher ist, dem Schlößchen von Mulottseca. Eine von seinen Türnischen ist noch so frisch in der Farbe, daß man deutlich die Valeurs der Töne erkennen kann: auf grell zinnoberrotem Grunde giftig grüne Palmetten; das Fragment gibt eine Ahnung

Hauptpalast von Labná (Yucatán)

davon, wie bunt die ganzen Bauten verputzt waren; die Reizstärke der Farben gab der der Ornamente und Symbole nichts nach. – Am großen Palast sind die Verhältnisse gedrungener und archaischer, die Tore niedriger und breiter, das Gebälk im Verhältnis zur Höhe schwerer. Die Masken sind so üppig stilisiert, daß sie nur durch ihre imposante Größe und ihre groß-ornamentale, strenge Linienführung davor gerettet werden, kindlich-fratzenhaft zu erscheinen. Die auffallendste steht über einem der Haupttore mitten unter Mäandern und halb zerstörten menschlichen Figuren. Zwischen tellergroßen, viereckigen Augen springt ein Rüssel wie ein Schiffshaken vor; darunter zeigt der lippenlose Mund zwei Reihen viereckiger Zähne und an jedem Mundwinkel zwei hornartige Haken. Die Pupillen der Augen waren blau. Die Zähne standen weiß glasiert hell im roten Rachen. Der ganze Kopf ist an die fünf Fuß hoch, und der Rüssel ragt hieroglyphengeschmückt etwa drei Fuß aus dem Fries vor. Uns Modernen bewegt tiefer eine andere Kolossalmaske, ein schönes Menschenantlitz, das wie erstarrt zwischen den Fängen eines Alligatorrachens gehalten wird. Als längst verdorrtes Symbol welches entschwundenen, welches verlorenen Glaubens blicken diese Augen noch so tragisch hernieder? – Das alles steigt, einem dunklen, unterirdischen Zyklopenwerk gleich, aus den Trümmern der heruntergestürzten oberen Stockwerke auf. Die Vegetation, die darauf lastet, ist so mächtig, daß sie ganze Mauern mitsamt ihrem Gebälk in einem Stück umlegt; ihre durstigen Wurzeln sprengen wie Arme die Decken, um in die Feuchtigkeit der Palastkammern hinabzulangen. Der Schatten des Waldes vertieft den Eindruck des unheimlich Nächtigen, Höhlenartigen. So gleichen die Paläste den Zinnen irgendeines aus dem Erdinnern in phantastischer Pracht aufragenden Nibelheim.

Kabà, 9. Dezember 1896.

Kabà bietet von der obersten Terrasse des großen Tempels aus ein ähnliches Bild wie Chichén-Itzá; in allen Himmelsrichtungen eine unübersehbare Anzahl von Trümmerkomplexen, die wie Inseln aus dem großen Walde aufsteigen; die Ausdehnung der Stadt, die Menge und die Masse der Bauten, der Reichtum der Symbole und Ornamente, welche langsam im steigenden Humus- und Wurzelmeer versinken, sind hier nicht merkbar geringer als dort. Der Ort war wie Uxmál und Labná, wie Sabaktché und Aké, wie Bolontchén und die Dutzende von anderen Städten, die Stephens und Maler entdeckt haben, eine große, reiche, mit prunkvollen und kolossalen Gebäuden geschmückte Hauptstadt. Wenn Kunst, wie es scheint, auf seiten ihrer Schöpfer wie auf seiten derer, die sie genießen, eine Summe überschüssiger Kraft repräsentiert, dann muß man staunen, wie auf einem so kleinen Gebiet wie Yucatán so zahlreiche Kulturzentren möglich waren; das heißt, wie der Bruchteil von Arbeit, den diese Menge von Palästen und Tempeln verbraucht hat, immateriellen Bedürfnissen, Luxuswerken, zugewendet werden konnte; nichts gibt einen größeren Begriff von der verschwenderisch schenkenden Fruchtbarkeit der tropischen Natur. Diese Fruchtbarkeit ist hier sozusagen kapitalisiert sichtbar; der Mangel an Export hat sie zu Stein werden lassen: was an Volkskraft durch das mühelose Empfangen von der schenkenden Natur entbehrlich gemacht wurde, ist, statt außer Landes zu gehen, hier geblieben. Also auch hier wie bei uns im Mittelalter war der beschränkte Markt eine Ursache hoher Kultur. Man muß annehmen, daß, wo der Arbeitsertrag größer ist oder schneller steigt als die materiellen Bedürfnisse und auch nach außen hin keinen Ausfluß findet, die Kraft, die sich staut, Luxusbedürfnissen zufließt. Luxusbedürfnisse sind ja nicht wie die materiellen an eine feste Aufnahmefähigkeit gebunden, sondern steigern sich unbegrenzt nach den Arbeitsmengen, die sie beherrschen, und können alle Formen und Stufen der Kunst in Anspruch nehmen, von der Ornamentik der Naturvölker bis zu den Bauten Ägyptens und den gotischen Domen. Während die Exportkultur mit der Mehrkraft des Volkes Exportwaren schafft, das heißt einen Ersatz für Wertpapiere, eine Art von Münze, die den Nachteil hat, viel Arbeit zu kosten und doch zu verfließen, bietet also die Umgrenzung des Marktes den Kraftüberschuß Herrschern, Priestern, geistig oder künstlerisch verwandten Menschenreihen, kurz allen, die Schöpfer sein wollen, als ein mächtiges Werkzeug dar, mit dem sie, wenn ihr Sinn auf Dauerndes geht, über sich selbst hinaus produktiv werden können. So ist es in Yucatán gewesen; seine Fruchtbarkeit wurde statt zu Geld zu Bauten. – Japan könnte, wenn es nötig wäre, beweisen, daß die Produktivität, der Eigenwert eines Volks, mit seinem Geldreichtum, seiner Kaufkraft, nicht identisch ist; denn die Kaufkraft ersetzt und verdrängt dort allmählich, was ich Produktivität genannt habe. Die Arbeitsmengen, die bis vor kurzem Dinge schufen, die Eigenwert besaßen, fabrizieren jetzt Waren, die nur einen Tauschwert haben; die alten, ganz feinen Lack- und Porzellanarbeiter sterben aus, weil die Jungen sich der Herstellung von Strümpfen und Streichhölzern, die ausgeführt werden, zuwenden. Dort steigt also die Kaufkraft des Landes, während seine Produktion an Selbstwerten sinkt; seine Arbeit wird statt zu Genüssen zu Geld. Mit dem Gelde werden sich einzelne vielleicht einen plutokratischen Luxus kaufen, dieser aber, der zum Beispiel auch aus dem Auslande bezogen sein kann, ruht auf einem ganz anderen Grunde als die alte, volkstümliche Luxuskultur, die sich nicht anders als national denken läßt. – Man übersieht, um wieviel die Höherentwicklung der europäischen Kultur durch die Erweiterung der Handels- und Auswanderungswege seit dem Ende des Mittelalters möglicherweise auch verzögert worden ist.

Das bedeutsamste Bauwerk in Kabà ist wegen seiner Fassade der Tempel des Kukulcàn, des Schlangengottes. Er setzt sich aus fünf Doppelheiligtümern zusammen, die in einer Reihe hinter einer einzigen langen Front liegen. Diese Front besteht in ihrer ganzen Länge und von unten bis oben aus nebeneinander und aufeinander gestellten, je drei Fuß hohen Kolossalmasken mit blanken Zähnen, großen viereckigen Augen und vorgestreckten Rüsseln; ein kräftiges Gebälk und die mächtigen Monolithe der Eingangstüren bieten dem Blick einen Maßstab und halten das Ganze so zusammen, daß es trotz seiner Phantastik den Eindruck eines Architekturwerkes, eines großen Gebäudes macht. Die Pupillen, die einem aus den zahllosen Augenhöhlen der Maskenreihen entgegenblicken, die Menge der Lippen, die in regelmäßigen Zwischenräumen mit Schmuck beladen in der Fassade herniederhängen, die Gebisse, die ihre geschlossenen Zähne zeigen, überziehen die ganze Front wie mit einem Riesenmuster aus Augen und blanken Zahnreihen. – Durch die Tür des mittelsten Heiligtums sieht man an der Rückwand, auf den Boden aufgestützt, eine ähnliche Maske wie die der Fassade; ihr Rüssel, der in drei Bogen auf dem Erdboden vorrollt, bildet den Stufengang zu einem zweiten, höher gelegenen Raum, wohl dem Allerheiligsten. Wenn der Pilger auf der Treppe, die die Terrassen des Tempels emporführt, die oberste Stufe erreichte, erschien ihm plötzlich zwischen den übrigen Ungeheuern aus dem schwach erhellten Tempelinnern diese aus dem Boden aufragende Riesenmaske wie ein Phantom; und darüber in der hinteren Kammer, in noch tieferem Dunkel, der Gott.

Wenn ich richtig empfinde, was die Mayakünstler erstrebt haben, dann ist dieser Bau ihr Meisterwerk. Als die Flucht seiner blauen Augen und roten Rachen unter den Bäumen des heiligen Hains im Dämmerlicht riesengroß auf den tragenden Terrassen emporragte, einem Traumgesicht gleichend, da hat sie wie keine andere von ihren Schöpfungen eine Vision verwirklicht, die die Phantasie wie eine Erzählung von Poe oder ein Capriccio von Goya in ihren Bann zwang. Und eben diese Vergewaltigung der Phantasie scheint mir das eigentliche Ziel der Mayakunst gewesen zu sein.

Denn die Paläste und Tempel Yucatáns sind dem Märchen nicht nur äußerlich in ihrer Stimmung ähnlich, sondern auch innerlich verwandt durch den Instinkt, den sie befriedigten. Sie entsprechen dem Drang einer noch kindlichen Menschheit, an wechselvollen Erregungen alle noch frischen Fähigkeiten ihrer Seele zu erproben; auch sie wollen die Phantasie durch Überraschungen und Wunder wecken, Abenteuer sein, die die Sinne erleben, und Symbole, über die der Verstand grübeln kann; nicht abwechselnd grimme und holde wie die des nordischen Märchens; ihnen fehlt der Humor: sondern bizarr unmögliche, durch die statt des Lachens eine düstere Sinnlichkeit wie tropischer Blumenduft zieht. Das Fabulieren erstrebt hier in schwülen, furchtbaren Bildern eine Gewaltsamkeit der Eindrucksmittel, die nur auf das stumpfste Empfinden oder auf einen Kraftüberschuß berechnet sein konnte, der sich in den heftigsten Nervenerschütterungen Luft machen mußte. Man kann nicht zweifelhaft sein, welches von beiden hier der Fall war. Denn wenn die Kunst gebraucht wird, um der Kraft, die den Menschen bis zum Schmerze spannt, einen Ausfluß durch die Sinne zu bahnen, dann bleibt neben dem Genießen auch das Handeln in seinem Recht; als direktere Schwächungsmittel des Körpers und des Willens treten orgiastische Zeremonien, blutige und ermüdende Wettkämpfe, das Aufsuchen ferner Abenteuer und die Selbstmarterung durch Askese neben der Kunst auf; ja, der erschöpfende Kunstgenuß ist dann für jenes erschöpfende Handeln im Grunde genommen nur ein Surrogat. In Yucatán, wo sich trotz genügender Überlieferung nicht einmal die Sage an solches erhalten hat, wo im Gegenteil ein quietistisches, energieloses Volk solche Wirkungsstärke gesucht hat, bleibt nur der Schluß, daß es stumpfe Nerven waren, die dieser Lautheit bedurften; wie denn überhaupt die sogenannte reichere Sinnlichkeit des Südländers bloß eine gesteigerte Reizbedürftigkeit sein könnte.

V

13. Dezember mittags.

Die Nacht über an Bord der ›Yumuri‹ auf der Reede von Progreso; dann um sechs Uhr früh die Anker gelichtet und westwärts am palmenbestandenen Küstensaum hinausgefahren. Das Land war bald unter dem Horizont versunken. Die See ist bis an den Himmelsrand ein Glanz und eine Glätte, das Wasser klar und blau wie Eis in einem Gletscherspalt. Nirgends Leben; alles regungslos: nur Licht und Blau. Diese tropischen Lichtwüsten sind die einsamsten aller Meere. Es ist, als hätte auf sie nie ein Auge geblickt. Sie ruhen selbstgenügsam in unberührter Herrlichkeit. ›Was schön ist, selig scheint es in ihm selbst.‹

Veracruz, den 15. Dezember 1896.

Heute in der ersten Morgenhelligkeit stieg ganz fern die mexicanische Küste auf, der Häusersaum von Veracruz, und über einem Wolkenstreifen, durchsichtig wie ein Phantom, die weiße Spitze des Orizaba.

Leider haben wir den Zug verfehlt und mußten hier bleiben. Ich habe die Zeit benutzt, um das alte Konquistadoren-Kastell San Juan de Ulua zu besuchen. Es liegt auf einer Insel vor der Hafeneinfahrt; die weißen Bastionen steigen an der Hafenseite steil aus dem Wasser auf; die Barken segeln bis heran an die Kasematten. – Am Meere schützt den Wall ein schmaler Sandsaum, auf dem einige wild zerzauste Kokospalmen im Winde hin und her wehen. Gräber von französischen Soldaten, die hier während des Krieges am Fieber starben, verfallen langsam auf der Düne.

Die Festung dient als Gefängnis. Sie hat einen düsteren Ruf; Diaz soll die Verliese am Meer benutzt haben, um Oppositionspolitiker von der steigenden Flut ertränken zu lassen. Inquisitionsgeschichten entsprechen dem südlichen Sensationsbedürfnis. Die Qualen, die man sieht, sind andrer Art. Hierher verschwindet, was an politischer Opposition nicht der ›Ley Fuga‹ zum Opfer fällt; Verdächtige oder vielleicht bloß Mißliebige mit gemeinen Verbrechern zusammen. Die Gefangenen sind untergebracht in Kasematten, kellerartigen Steingewölben, in die nur durch Schießscharten ein schwacher Lichtschein dringt. Die Luft unten ist dick und feucht. Jeder Raum ist belegt mit einer Herde von Gefangenen; wenn man durchgeht, drängen sie sich beiderseits eng an den Wänden zusammen. Der Lichtmangel hat ihre Haut entfärbt, alle sind verblaßt zu einer Art von Larven; man kann die einzelnen kaum auseinanderkennen; die Reihen aschgrauer Gesichter, deren Augen in den zu tief gewordenen Augenhöhlen unsichtbar sind, gleichen einander wie Totenschädel an Katakombenwänden. Für was für verschiedene Taten oder Worte die einzelnen auch hier sein mögen; jetzt gleichen sich die Gesichter und auch die Gedanken; alle, die noch so viel Kraft haben, strecken die Hände vor und betteln. – Das Gelbe Fieber erlöst jährlich einen starken Prozentsatz.

Auf dem Grund, auf dem die Festung steht, hat Cortez

zum ersten Male am 21. April 1519 auf mexicanischem Boden das Kreuz gepflanzt.

Córdoba, den 16. Dezember 1896.

Den Tag in Córdoba am Fuße des Orizaba verbracht. Der Ort liegt bloß sechshundert Meter hoch; an den 17 000 Fuß des Berges sieht man fast von unten bis oben empor. Rings im Umkreis der Stadt, die in Wirklichkeit bloß ein großes Gebirgsdorf ist, liegen Kaffeeplantagen, auf denen zum Schutz der jungen Pflanzen zwischen den Stauden möglichst dicht großblätterige oder immergrüne Bäume: Steineichen, Bananen und Orangen, gepflanzt werden. Das gibt um den Ort einen künstlichen Urwald, durch den Grenzwege stundenweit zwischen blühenden Hecken führen. Brotfrüchte und reife Orangen hängen in den Ästen, die Tulipane strecken ihre schwachduftenden Blüten vor, und ihren Riesenkelch öffnet blutrot die Weihnachtsblume. Durch die Zweige glänzt überall der ungeheure weiße Vulkan; und der ferne Schnee wirkt paradiesisch inmitten des blühenden Tropengartens.

Orizaba, den 17. Dezember 1896.

Orizaba liegt unter dem Orizaba-Vulkan an einem laut zwischen Bananendickicht niederrauschenden Gießbach. Die grüne Schlucht schneidet die Stadt entzwei. Zu beiden Seiten steigen ihre bunten, hellrosa oder lila gestrichenen Häuser empor und zwischen ihnen gotische Kuppeln und Glockentürme, zierlich geschmückt mit leichten Pilastern.

Zur Abendandacht habe ich das mexicanische Weihnachtsmysterium, das Posada-Spiel, in der Kirche der Schmerzensmutter gesehen. Am Hauptaltar stellte eine lebensgroße Papiermasse-Gruppe Marie und Joseph dar, auf der Wanderung gen Bethlehem: Joseph in einem Mantel aus grüner Seide, Maria elegant im Strohhut und Reiseschleier. Sie durchschreiten einen Wald, der durch echte Brotbäume markiert wird. Zuerst spielt die Orgel ein weiches Präludium, zu dem Kinder auf Wasserpfeifen den Gesang von Waldvögeln nachahmen. Dann trägt eine Prozession, der sich die ganze Gemeinde anschließt, eine zweite Darstellung derselben heiligen Personen zur Sakristeitür, die das Tor einer Herberge bedeuten soll. Die Tür ist verschlossen; Maria und Joseph begehren Einlaß, werden aber mit rauhen Worten zurückgewiesen; da fällt die Gemeinde ein und begleitet das Pfeifen noch mit Trommeln und dann mit Schnarren, bis in einem betäubenden Lärm sich schließlich die Herbergstür den Reisenden öffnet. Das ist der Schluß des Weihnachtsmysteriums. In den Zwischenpausen dieser Katzenmusik wird gebetet und gepredigt! Man muß wieder dumpfere, dämpfende Sinne annehmen, um zu begreifen, wie jemand in Andacht solche Erschütterungen ertragen kann.

Abends waren wir auf dem Platz bei der Musik. Ringsherum stehen Hasardbuden für das Volk, in denen um Centavos eine Art von Lotto gespielt wird. Alle Buden waren brechend voll. Die Spielenden saßen gebeugt über ihre Karten an langen, schmalen Holztischen und pointierten mit Maiskörnern. Das Merkwürdigste war ihrer aller Ruhe und Gleichgültigkeit; von Aufregung keine Spur. Aus der Ferne sahen sie aus wie eine Abendklasse von fleißigen Schülern.

Von Orizaba nach Mexico,
18. Dezember 1896.

Die Fahrt die Kordilleren hinauf nach Orizaba übertrifft die Erwartungen. Das Gebirge steigt in Stufen auf. Dazwischen führen Schluchten empor. Wilde Gewässer rauschen talwärts oder stauen sich in der Enge zu grünen Weihern. Weiter unten bedeckt der Wald den Talboden wie ein tiefer Teppich. – Aber die Kraft des Lichts ist zu groß; die Stärke des Eindrucks wirkt brutal auf die Sinne und die Phantasie. Die Schneegipfel versengen die Augen oder verschwimmen in lauter Licht; das Laub steht ohne Farbe – nur Schatten, nur Schwarz – am blendenden Himmel.

Guadalajara*, 24. Dezember 1896.

Nach zwanzigstündiger Fahrt von Mexico heute abend hier angekommen. So habe ich meinen ersten Eindruck vom Dom nachts bei der Weihnachtsmesse empfangen. Ich weiß noch nicht, wie er bei Tage wirkt; im Kerzenglanz ist sein Inneres das fremdartigste in Mexico; im Stil eine Mischung von Flamboyantgotik und Empire: die Säulen der Schiffe antik mit dorischen Kapitälen, die aber gotische Rippen palmenartig emporsenden. Die Wände und Pfeiler weiß lackiert. Die gotischen Rippen vergoldet. Goldene Kronleuchter an goldenen Ketten leuchten in langen Reihen mit Hunderten von Kerzen die Schiffe entlang. Die Lichter vervielfältigen sich im Golde und blanken Lack zu zahllosen Feuerreflexen: die Kirche gleicht beim zitternden Spiegelschein einem unermeßlich großen Ballsaal, wirkt

* Sprich Gwadalahára

aber infolge ihrer erhabenen Maße nicht frivol. Der matte Glanz der Lackwände und der Schimmer des Goldes verschmelzen im Kerzenlicht zu zartester Farbigkeit; den ganzen Raum erfüllt ein mildes Leuchten und Wogen, das im Chor allmählich in Nacht verlischt.

Dieser blasse Akkord von Weiß und Gold mit Flammenrosa umspielt heute nacht den gewaltsamen Farbenmißklang der Gemeinde, die, dichtgedrängt vom Hauptportal bis zum Gitter des Hochaltars, blau, schwarz, knallrot, wie ein großes Beet greller Papierblumen das Parkett bedeckt. Die meisten hocken seit Stunden auf dem Boden; die Frauen betend tiefverschleiert und in sich zusammengesunken, die Männer schlafend oder stoisch gleichgültig und unbeweglich ihre Gesichter aufstützend in kupferbraunen Händen, über die das Haar in langen, schwarzen Strähnen niederfällt. Weihrauchdunst, vermischt mit Atemqualm, schwebt in den Kirchenschiffen wie eine bläuliche Lichtwolke zwischen der Menschenmenge und den hoch darüber brennenden Kerzenkronen.

Seit elf Uhr läuten die Weihnachtsglocken. Von allen Kirchen strömen die Klänge, nahe und ferne, dunkle und helle, im Rhythmus majestätisch oder hastig, in der Farbe rein oder wie durch einen Riß getrübt, in ihrer Gesamtheit ein erzenes Dröhnen, ein Brausen wie von vielen Menschenstimmen, durch die offenen Portale zum Dom herein. Das Ohr ermattet in der Klangfülle, die in langgezogenen Riesenwellen, gleichmäßig im mächtigen Takt heranschwellend und wieder abebbend, wie ein Ozean nach dem Sturme brandet. Die Nerven werden durch sie für den Tonzauber der spanischen Weihnachtsmesse vorbereitet.

Um Mitternacht verstummen die Glocken; die Domportale fallen zu, und in der plötzlichen Stille beginnt Musik, kaum hörbar, und doch sanft und voll, heranwallend aus dem dunklen Chor wie aus einer weiten Ferne: Orgelakkorde verschmelzen mit hohen Kinderstimmen und leisem Vogelgezwitscher zum zartesten Nervenzauber; dann fallen Knaben und Frauen leise ein. Anschwellend scheint der Klang jetzt aus den Höhen der Kuppel herabzuschweben, voller und doch noch gedämpft, als ob durch dämmernde Nacht ein Sternensang nahte, Auge und Ohr durch leise Lockungen schmerzhaft-selig spannend. Sanfte Melodien tragen, von Stimmen aus der Höhe gesungen, die Weihnachtsbotschaft durch die weißen Hallen zur morgenländisch bunten Menge hinunter. – Dann, nach diesem Vorspiel, beginnt die Liturgie. Priester in Weiß und Gold treten in den Kerzenglanz des Hochaltars wie in einen Glorienschein. Das tiefe Baß des Offizianten wechselt mit den Frauen- und Knabenstimmen aus der Kuppel; und immer wieder erhebt sich eine einsame Stimme, die Stimme des Menschen, als Antwort auf die Responsorien, die wie Weltenharmonien millionenfach verschlungen rauschen und schwellen.

Ein großer spanischer Dichter, Bécquer, hat in Worte gekleidet, was spanische Gemeinden während der Liebesekstasen dieses mystischen Hochamts fühlen. Der sterbende Meister Perez berührt mit den Fingern die Tasten seiner Orgel: »*Ein Ton entschwebte ihren hundert Metallrohren, verbreitete sich erhaben und langsam und verging dann in Nichts, als habe der Wind ihn verweht. Diesem ersten Ton, der einer Stimme glich, die von der Erde zum Himmel stieg, antwortete wie aus der Ferne ein zweiter, zunächst sanft, dann mit rasender Schnelligkeit zu Fluten donnerähnlicher Harmonie anschwellend: die Stimme der Engel, die durch den Weltenraum zur Erde tönte. Man begann ferne Gesänge zu hören von himmlischen Heerscharen, tausend Gesänge zugleich und doch nur einen, wogende Umrankungen einer Wundermelodie, die auf dem Ozean jener geheimnisvollen Chöre wie ein Nebelstreif auf Meereswellen heranschwebte. Und schon sangen einzelne Chöre leiser, verrauschten, verstummten; das Klanggewirr wurde einfacher, nur noch zwei Stimmen waren es, die nebeneinander hinschwebten; und dann blieb nur eine einzige übrig, ein einziger schriller Ton, der wie ein Licht glänzte. Der Priester verneigte sich tief, und über seinem greisen Haupte erschien der Gemeinde, eingehüllt in blauen Weihrauchdampf wie in einen dünnen Schleier, die Hostie. Der schrille Ton, den bis dahin ein Triller hielt, zerging jetzt, wurde voller und immer voller; bis eine Explosion gewaltiger Klänge den Dom erschütterte, so daß in seinen Winkeln die zu dicht gewordene Luft summte und die Glasfenster in ihren Spitzbogen zitterten. Aus jedem Einzelton jenes machtvollen Akkordes brach eine Melodie hervor: die eine nah, die andere fern, die eine glänzend, die andere dumpf, ganz so, als wollten Gewässer und Vögel, Winde und Wälder, Menschen und Engel, Erde und Himmel, jede in ihrer Sprache, die Geburt des Heilandes preisen. Der Priester fühlte, wie seine Hände zitterten: denn der, den sie emporhielten, den Menschen und Erzengel grüßten, war Gott, war sein Gott. Er sah den Himmel offen und berührte in der Hostie des lebendigen Gottes Leib.«*

Gewiß sind nicht dieses die Träume, die die Indianermenge hier träumt. Aber was hier diese Musik weckt, die die Seele bis in ihre letzten Tiefen aufwühlt, wer will es sagen? Sind es Bilder von entthronten Göttern oder solche von blutigen und perlenglitzernden Heiligen? Sind es düstere Gefühlsnachklänge orgiastischer und grausamer Riten? Ist es Sehnsucht, die nur durch feierliche Reigen um Menschenopfer auf Bergspitzen befriedigt werden könnte? Speist diese göttliche Musik naive Grausamkeit, tierische Brunst, plumpe und urweltliche oder zarte und märchenhafte Vorstellungen? Die Menge verharrt schweigend und unbeweglich, undifferenziert trotz der bunten Lappen, die die einzelnen grellverschieden auszeichnen; während über ihre Köpfe wegbrausend die Orgel noch einmal den alten, reinen, jungfräulichen, weißen Dom mit Jubel und Sieg erfüllt. Und dazu noch immer, jetzt nur noch ganz leise, die süßen Stimmen der Heiligen Nacht, das Vogelgezwitscher bei den Hirten auf dem Felde und die sanften Engelchöre, die, fern entschwebend, die alte Weihnachtsbotschaft weitertragen: *Fürchtet euch nicht! Siehe ich verkündige euch große Freude, die allem Volk widerfahren wird. Denn euch ist heute der Heiland geboren… Ehre sei Gott in der Höhe und Friede auf Erden und den Menschen ein Wohlgefallen! Gloria Patri, Laetentur coeli et exsultet terra ante faciem Domini, quoniam venit…* Als die Domportale auffliegen, strömt in den Weihrauch die Weihnachtsnacht warm und blütenduftend herein.

Guadalajara, 25. Dezember 1896.

Nachmittags hinaus zur indianischen Weihnachtsfeier in einem der Dörfer nahebei; sie besteht in dem Pastores-(Hirten-)Spiel. Ein Mysterium wird im Freien gegeben, ohne

Bühne. Die Zuschauer sitzen um die Spieler im Kreise auf der Erde herum. Vier Teufel treten auf; dann der Erzengel Michael, der Greis Winter und Hirten, die zum Jesuskinde gen Bethlehem fahren. Winter ist die komische Person und belustigt das Publikum; die Teufel sind als Indianer ausstaffiert mit Stirnreifen, gewaltigen Federkronen und roten Mänteln; die heiligen Pilger dagegen spanisch in Kniehosen, kurzen, ärmellosen Torero-Jacken und weißen, reichgestickten Hemden. Es wird abwechselnd zu monotoner Musik getanzt und rhythmisch rezidiert: die Verse schildern die Höllenqualen der Ungläubigen, die Tänze bestehen aus langsam schreitenden Reigenbewegungen, die an das Relief von Chichén-Itzá erinnern. Vielleicht ist das Ganze ein altes, vorspanisches Sonnenwendfest der Indianerstämme. Aber jeder Zug des Spiels, wie es jetzt ist, die verschiedene Tracht der Teufel und Hirten, die Betonung der Strafe für die Ungläubigen, die geschickte Umdeutung alter Bräuche, lehren, wie die Kirche sich in Mexico die Herrschaft erkämpft hat; und zugleich, wenn man an die spanische Weihnachtsmesse denkt, mit wieviel einfacheren und naiveren und daher blutfreudigeren und grausameren Vorstellungen sich hier noch ganz natürlich das religiöse Gefühl verbindet. Es ist ein Beispiel der moralischen Eroberung, der Art, wie Glaube und Kultur einer Rasse scheinbar zum Eigentum einer anderen werden.

Guadalajara, 26. Dezember 1896.

Die innere Stadt ist eine Folge von Arkadengängen und Gärten, denen allzu süße, betäubende Düfte entströmen. Rosen und Tuberosen, Narzissen, Orangen und Tulipane blühen jetzt. Inmitten der Blumen und Blütenwolken stehen Türme von fensterlosen, gewaltigen Kirchen; gotische Strebepfeiler treten aus dem kahlen Steinmauerwerk wie Bastionen hervor, so daß man Kanonen dort erwartet, wo groteske Wasserspeier, Drachen, Adler, Ungeheuer, das Steinwerk bekrönen. Überall tragen die Mauern dieser kirchlichen Zwingburgen noch Spuren der früheren Kriege und Revolutionen: Einschläge von Granaten und Gewehrkugeln. Bis auf Diaz herrschten wie im Mittelalter hier fortwährend kleine Fehden. Losada, der sogenannte Banditenkönig, ist noch vor achtzehn Jahren mit einer Brigantenarmee von zehntausend Mann gegen Guadalajara marschiert: ›*Dem Gouverneur, der die Barbaren geschlagen hat*‹, hat die Stadt vor San Franzisco ein Denkmal gesetzt.

Auf den meisten Plätzen ist in der Mitte ein Brunnen, an dem abends Weiber Wasser holen; ihre Tonkrüge, die sie auf einer Schulter oder an der Hüfte tragen, sind rot und dickbäuchig wie antike Amphoren, bizarr verziert mit Weiß und Gold nach altindianischen Mustern. Diese Frauen sind kräftiger gewachsen und schöner als die von Mexico, von hellerer Haut und lieblicherem Gesichtsausdruck; die ernste und herbe Schwermut der mexicanischen Augen weicht bei ihnen einem halben Lächeln. Ihre Liebe zur Musik ist eine Leidenschaft. Des Nachts hört man überall, aus allen Fernen Gesang und Gitarrenspiel, schwermütige oder schalkhaft-heitere Liebeslieder, von sanften und warmen Frauenstimmen gesungen.

In den Volksvierteln, außerhalb der inneren Stadt, haben die Häuser nur ein Stockwerk und wie in Puebla flache Dächer; Fenster sind nach maurischer Art selten, und die wenigen, die die Straßenmauern durchbrechen, dicht vergittert. Aber innen ziehen sich die Wohnungen der Armen klosterartig um große, mit Orangen und Blumen bepflanzte Höfe. Die Zimmertüren öffnen sich nach dem Hofe zu; und auf diesem spielt sich am Tage das ganze Wirtschaftsleben ab. Materiell leidet der Arme unter seiner Armut hier weniger als im Norden: Sonne und Blumen kann ihm der Reiche nicht rauben; der Ärmste hat eine gewisse Anzahl von angenehmen Empfindungen, also von Luxus, umsonst. Dieses noch mehr als die größere Leichtigkeit, die Bedürfnisse des Lebens zu erlangen, macht die Kluft zwischen Reichen und Armen hier weniger empfindlich als bei uns. In Geld gemessen, wäre sie größer als im Norden. –

Heute nachmittag waren Stierkämpfe; Blut und Blechmusik als Nervenkitzel; aber selbst hierbei sind die Ruhe und Gleichgültigkeit erstaunlich. Einmal entstand unter dem zuschauenden Militär, das auf der Arena saß, eine Prügelei: einige Sergeanten kugelten mit Mannschaften zusammen die Stufen hinunter. Die Leute, die unten saßen, Volk und meistens Männer, rückten nur etwas zur Seite, fast ohne sich umzusehen. Als ein Stier einen Pikador warf und aufspießen wollte, stand das bessere, weißere Publikum, die Schattenseite der Arena, auf; das Volk gegenüber in der Sonne blieb sitzen; die mexicanische Menge reagiert auf Reize ebenso träge wie der einzelne Mexicaner. Erst ganz zuletzt, nachdem zwei ungewöhnlich wilde Stiere mehrmals über die Brüstungen gesprungen waren, wurde die Bewegung auch unter den billigeren Plätzen stärker und lauter. Aber selbst dann war die Aufregung mit der bei englischen oder deutschen Rennen oder mit dem frenetischen Geschrei bei einem Stierkampf in Sevilla oder Madrid nicht zu vergleichen; namentlich fehlen die große, atemlose Stille und das jähe Losbrechen des Jubels, die das tiefbrandende Innenleben der europäischen Menschenmenge bezeugen.

Das Gedränge in den Straßen hier ist größer als selbst in unseren Millionenstädten. Aber still und lautlos wogt die dunkle, schillernde, massenhaft flutende, fremdartige, bunte Menge überallhin: auf die Märkte und Plätze, durch die Gärten und Höfe; in die Kirchen und Theater, an die Kneipen und Spielhöllen, in die entlegenen Straßen und die schlechten Viertel, dort, wo die Häuser nicht mehr vergittert sind, sondern nachts lichtstrahlend offenstehen und ihre ausgekleideten geschminkten Insassen ohne Scheu zeigen. Alles umflutend, alles füllend, fließt der wimmelnde, endlose Menschenstrom. Am Tage bunt: Männer im Farbenkaleidoskop ihrer roten und weißen und regenbogenartig gestreiften Ponchos; juwelenbehangene, reitende, rauchende Weiber, Viehhirten, die in den Pulquekneipen mit silbernen Sporen und silbergestickten Filzsombrero am Schanktisch zu Pferde halten, Frauen, die, sich in den Hüften wiegend, ihren Krug zum Brunnen tragen, Packträger, denen die Lasten an Stirnreifen wie an Diademen hängen und die spät im roten Sonnenstaub durch die Tore der Stadt einziehen. Des Nachts dieselbe stumme Menge schwarz, als bestünde sie aus wallenden Scharen phantastischer Schatten, als sei sie bloß bewegte Dunkelheit: außer wo unter einer einsamen Bogenlampe ein Teil durch das Licht leise hindurchflutet und beständig aus Nacht auftauchend auf Augenblicke farbig wird; oder noch phantastischer draußen bei der Weihnachtskirmes, wenn ein Binsenfeuer im Aufflackern das Gesichtermeer der wimmelnden, weiten, schwach bewegten Volksmassen plötzlich rot erleuchtet. Überall, in der Dunkelheit wie in der Helle, dieselbe Ruhe; gedämpfte Schritte; gedämpfte Gespräche; man ahnt bloß in der fast geräuschlosen Stille das Treten und Flüstern von Tausenden. Die kraftvolle Lautheit, der Reichtum an Einzelphysiognomien, die trotzdem feste Geschlossenheit der nordischen Menge kommen nirgends so stark ins Bewußtsein wie hier, wo man sie mit der stummen, trägen, monotonen und innerlich doch lose gefügten Masse eines tropischen Volkshaufens vergleicht. Diese südliche Menge steht der blonden, nordischen ebensosehr an sozial wertvollen Trieben nach wie der tropische Einzelmensch dem Europäer an Charakter: an Willensstärke und innerem Reichtum; beides erklärt den Sieg des Nordens.

Guadalajara, 27. Dezember 1896.

Früh hat mir G. das Armen- und Waisenhospiz gezeigt, das die Regierung hier unterhält. Die Anstalt dehnt sich einstöckig um siebenundzwanzig mit Blumen und Palmen bepflanzte Arkadenhöfe. Die Reinlichkeit ist musterhaft; die Küche, die Schlafräume, die weißen Betten und Tischtücher, die Kleider der Leute peinlich sauber; und weil alle Türen immer offenstehen, ist nirgends der fade europäische Anstaltsgeruch. Es gibt Krippen für Säuglinge; und Säle, wo Greise ihr Leben beschließen; Schulen, wo Kinder Volksschulbildung erhalten, Lesen, Schreiben und Geographie, und praktische Kurse, in denen Knaben ein Handwerk und Mädchen haushalten und kochen lernen. Die

Pflegerinnen sind weltliche Diakonissinnen in sauberen, einfachen Kleidern, die geräuschlos und pünktlich ihre Pflicht tun. Durch diese Anstalt werden über fünfhundert Arme versorgt, Findlinge aufgezogen, Bettler von der Straße gerettet... und heute morgen stand in der Zeitung folgendes: »Ley Fuga: Am Ende der vorigen Woche wurden durch einige Feldgendarmen an einem Punkte, der Cerro Alto (Hoher Berg) heißt, zwei gut beleumundete Köhler festgenommen, während sie gerade Holzkohle brannten. Kaum waren sie an den Fuß des Berges angekommen, als der eine von beiden ohne weitere Umstände erschossen wurde. Der andere floh, als er das grauenhafte Schicksal sah, das seiner wartete, in der Hoffnung, sich vor dem sicheren Tode zu retten. Dieselben Gendarmen arretierten in seinem Hause in Ixtlahuacan del Rio den José Rodriguez, der nur dadurch vom Tode gerettet wurde, daß er telegraphisch vom Distriktsrichter dieser Stadt einen Strafaufschubbefehl erlangte. – Die Festnahme der Köhler soll ihren einzigen Grund in einer böswilligen Denunziation durch Knechte der Hazienda von Astillero und Ocotengo gehabt haben, die daran interessiert waren, daß niemand ihnen im Brennen von Holzkohle Konkurrenz mache.« – Man erstaunt in Mexico immer wieder über den Kontrast zwischen der Art der Erfolge, die die Diazregierung zeitigt, und der Gemeinheit der Mittel, durch die sie sich erhält. Das Befremden, das die Ley-Fuga-Exekutionen uns Europäern auch in anderen, hierzulande nicht als außerordentlich empfundenen Fällen verursachen, ist kaum zu überwinden. Seitdem der alte, notwendige Selbsterhaltungsinstinkt der Gesellschaft, kraft dem sie den einzelnen dem Ganzen auch gegen sein ›Recht‹, gegen ›Billigkeit‹ und

›Humanität‹ opfert, durch Rousseau zu etwas, dessen man sich schämt, geworden ist, fühlen wir Europäer uns selber fast verletzt, wenn jenes Prinzip einmal ohne Verhüllung hervortritt, wie hier, wo noch die Geburtswehen einer Gesellschaft Anstandsrücksichten nicht erlauben.

VI

Durch die West-Kordilleren

Zacoalco, 28. Dezember 1896.

Um sechs sind wir auf einer mit acht Maultieren bespannten Postkutsche aus Guadalajara abgefahren. Das Morgenrot brannte auf dem Chor des Domes; in den Straßen leuchteten noch blaß einige elektrische Bogenlampen; in der Mestizenkneipe am Tor ›La Libertad de Andromeda‹, nahm der Postillion vom Bock aus noch einen Aguardiente; und dann waren wir draußen auf der Kordilleren-Hochebene. –

Man sieht hier deutlich, wie nicht nur ein Land seine Bewohner, sondern die Bevölkerung auch ihr Land gestaltet. Die Landschaft ist nicht bloß in ihrer Bebauungsweise, der Feld- und Dorfanlage, dem Stil der Bauernhäuser, sondern gerade in ihrem großen, scheinbar ureignen Zügen ein zweites, nur in der Lichtwirkung noch blendenderes Spanien geworden. Daß die Konquistadoren nach heimischer Sitte die Wälder zerstörten, hat fast alles andere, was der spanischen Landschaft eigen ist, nach sich gezogen. Die abgeholzten Berge ermöglichen in ihrer Kahlheit alle Lichtbrechungen und Farbenspiele. Überall haben die reißenden Berggewässer in die Ebene mehr als mannestiefe Spalten gefurcht. Die Ackerkrume verweht infolge der Waldverwüstung und Trockenheit zu Staub, der in sämtliche Farben der Landschaft Weiß mischt: das Gebirge leuchtet in allen Tönen vom tiefsten Purpur bis zur Lichtfarbe; bei Sonnenaufgang rote Lichtspiegel inmitten violetter Schatten; später Taubengrau und Orange, Blau und Blaßgelb, Kupferrot und Lila; aber alle Farben sind wie mit Milch getränkt. Man weiß aus gleichzeitigen Berichten, in wie kurzer Zeit die spanischen Eroberer das dichtbewaldete Tal von Mexico abgeholzt haben. Eine Rassensitte hat in der Kolonie die beiden wichtigsten Bestandteile des Landschaftsbildes, die Oberflächen-Geologie und das Licht, das heißt die Tonart der Farbenskala, wahrscheinlich radikal verändert und in beiden das Mutterland neu geschaffen. Es ist eine ähnliche, sozusagen psychologische Umformung der Landschaft, wie sie auch einige von Angelsachsen besiedelte Gegenden erlitten haben.

Die Straße, auf der wir reisen, soll vor vier Jahren noch unsicher gewesen sein; damals pflegte man die, die als Briganten erschossen wurden, nachher an den Telegraphenstangen aufzuknüpfen; wer reiste, sah zu seiner Beruhigung die Banditen, die er gefürchtet hatte, halb von Geiern zerfressen oder als Skelette längs des Weges zwischen den elektrischen Drähten hängen. Jetzt ist die Straße erstaunlich belebt; die unsrigen, die von den Eisenbahnen entvölkert sind, können davon keinen Begriff geben. Streckenweise gleicht sie einer langen Kirmes. Trink- und Eßbuden stehen an der Chaussee alle paar hundert Schritt. Ochsenkarren und Reisewagen, Maultiere und Viehherden, Hausierer und Fußreisende, Reiter und Bettler drängen sich fast. Züge von Packeseln kommen des Weges, auf Anruf ihrer Treiber anzackelnd und dann wieder ein Weilchen am Wege grasend; Packwagen zu zehnen zusammen mit dem nötigen Troß an Reitern und Fußknechten, einem unruhigen, farbigen, hin- und hergaloppierenden Schwarm, sind nicht selten; und Männer gehen neben Frauen her, die auf einem Esel reiten, ein kleines Kind im Mantel haltend, wie auf einem alten Holzschnitt der Flucht nach Ägypten. – Sammetbreughel und Callot haben nicht phantasiert. Man lernt hier in der langen Untätigkeit der Kutschreise, die das Lesen nicht zuläßt, mit ihnen den Augen- und Gefühlszauber der Landstraße zu empfinden, den Reiz des Sonnenlichts im Staube, der Helligkeit des Weges inmitten der dunkleren Kulturen, der bunten Bewegung der Farbenflecke, die Menschen sind, und schwarz und violett, blau und gelb, rot und weiß, soweit das Auge reicht, allmählich kleiner werdend, durcheinander zittern und dann in Staub und Licht auf immer verschwinden.

Spät war die Kutsche am Salzsee von San Marcos. Die Gebirgszüge, die diese Lagune umgeben, sind vollkommen kahl; das Wasser ruht auf dem Grunde des Tals dunkel und blank; den Rest der kleinen Ebene bedeckt eine Kruste von Salz und Sand. Der Ort vereinigt die dreifache Melancholie des Wassers, der Wüste und des Dunkelvioletts seiner Berghänge.

Auch unser Nachtquartier, Zacoalco, liegt an einem Wasser, aber umgeben von Baumpflanzungen, die sich mit den Bergen zusammen im See spiegeln. Die Landschaft ist wie die am Lago Maggiore, doch alles weiter, dunkler, ernster.

Atenquique, 29. Dezember 1896.

Unser erster Ausspann war heute am Wirtshaus ›Las Batallas de la Vida‹, Les Batailles de la Vie. Herrn Ohnet gebührte ein Platz unter den hiesigen Kneipenschildern. –

Hier auf dem Lande bestimmen nicht nur die gotischen Bauregeln den Organismus der Gebäude, sondern bis heute noch auch gotische Formen ihre Ornamentation. In Sayula, wo wir heute zu Mittag gerastet haben, ist eigentlich die ganze Stadt gotisch, von den modernen, in einem naiven lokalen Spitzbogenstil errichteten Arkaden des Hauptplatzes bis zur mächtigen alten Franziskanerkirche, der ›Iglesia del Tercér-Orden‹, die, von Dattelpalmen umgeben, mit ihren finster verschlossenen Formen die Stadt überschattet. Es gibt sogar eine sehr saubere gotische Apotheke und einen alten, mehr malerischen gotischen Maultierausspann, dessen Spitzbogen ganz unter blühenden Geranien verschwinden. An der Franziskanerkirche ist eigentlich nur ein nicht sehr großes Eingangsportal barock. Das Innere ist einschiffig mit einfachen gotischen Mauerpfeilern. Draußen steigen schwere, burgartig massive Strebebogen direkt vom Erdboden zum Dachsims auf und bilden an beiden Seiten der Kirche eine Art von riesigem Arkadengang, als wären die Seitenschiffe nach außen verlegt. Hier wie in der Hauptkirche des Orts, und wie in Zapopán, Zacoalco, San Pedro, kurz fast überall auf dem Lande, ist der Hochaltar gotisch. Es wirft auf die Stellung des gotischen Stils in Mexico einiges Licht, daß er sich gerade auf dem Lande am Hochaltar erhalten hat; die Gotik war der volkstümliche Faktor, aus dessen Mischung mit dem von den offiziellen Kreisen importierten Barock der churriguereske Stil der mexicanischen Stadtkirchen entstanden ist.

Die Postkutsche fährt nur bis Zapotlán, das wir heute um zwei erreicht haben. Von da muß man über die Pässe ans Meer hinunter auf Maultieren. Ich habe zwei Maulesel, ein Packpferd und als Burschen einen Mestizen mit, José Rolon Serrano. Die Maultiere sollen in ihrem kurzen, weichen Trab Tag für Tag leicht achtzig Kilometer laufen. – Gegen Abend waren wir schon auf der Höhe des ersten Passes. Gegenüber, hinter dem Bergrücken, der tiefgrün und schwarz den anderen Abhang der Paßschlucht bildet, lagerte das Hochgebirge, Gebirgszüge hinter Gebirgszügen bis zu fernen Spitzen, die rosa und lila im Wolkenrot verschwammen; und dahinter im Westen schien in den klareren Himmelsfernen schon der Widerschein des Meeres. Am Paß selbst steigen die Schneefelder des Nevado und der Krater des Colima-Vulkans auf: Flammen und Eismassen. Zuerst vermischte sich noch das Vulkanfeuer mit dem verglühenden Abendrot; je tiefer aber die Nacht, um so feuriger entzündete sich der Widerschein am Zenit, leuchtete in der Dunkelheit am Himmel wie die Lohe einer ungeheuren Esse, bald hell aufflammend, bald schmutzigrot auf den ziehenden Rauch riesige Gestalten malend. – Wir haben unten in der Paßschlucht Halt gemacht, beim Rancho von Atenquique. Die unteren Paßhänge bedeckt ein dichter Wald, durch dessen feuchte Finsternis die Tiere sich langsam Schritt für Schritt hinuntertasten mußten. Den regelmäßig wiederholten Zuruf des Serrano in der Dunkelheit übertönte allmählich, je tiefer wir hinunterstiegen, um so lauter das Brausen des großen Gebirgsbaches, der sich die Schlucht gerissen hat. Jetzt haben wir auf einige Stunden, bis es hell wird, abgesattelt. Das Rauschen des Wassers und der Gesang zahlloser Vögel erfüllt die Nacht. Ein schwerer, warmer Duft staut sich in diesen Engpaßtiefen. Die Luft ist hier so weich, daß wir auf unseren Schlafmatten am Feuer unter freiem Himmel liegen. Über uns funkelt das Südliche Kreuz.

Von Atenquique nach Colima,
30. Dezember 1896.

Wir sind gegen drei aufgebrochen, um noch vor Nacht die vierundachtzig Kilometer nach Colima zurückzulegen. Bei Tagesanbruch waren wir in der Gegend am Südabhang des Vulkankegels. Der Blick reicht hier vom Höhenkamm der Westkordilleren bis fast an den Stillen Ozean: schmale Täler senken sich zwischen hohen und steilen Gebirgszügen dem Meere zu. Ihre schwarzen und zackigen Felswände ragen nach Süden wie Kulissen hintereinander auf. – Die Talsohlen sind flache, reiche Alluvialebenen; das durch reißende Gewässer vom Hochgebirge hinabgespülte Erdreich hat sich zwischen den Bergwänden aufgestaut. Die Mitte dieser fruchtbaren Ablagerungen durchfurcht aber immer wie ein Erdspalt Hunderte von Fuß tief die Schlucht, die der Wildbach sich durch seinen eigenen Schutt und tiefer dringend in den Felsenuntergrund gerissen hat. Die Tätigkeit des Wassers kommt durch diesen sichtbaren Gegensatz ihres schaffenden und zerstörenden Erfolges stark zum Bewußtsein und zeigt, verbunden mit den gewaltigen umgestaltenden Kräften, die im Vulkan erscheinen, hier deutlicher als sonst die Erdoberfläche als etwas Lebendiges, Bewegliches, Werdendes. Die Landschaft erscheint wie die große Leinwand, auf der die Natur noch fortwährend neue Bilder malt. Wie im Anblick der sich dumpf bewegenden Alpengletscher oder des Meeres oder Himmels kommt zur Erhabenheit der Formen das Göttliche der sichtbar schaffenden Weltenkräfte hinzu, die zum Gemüt wie Verwandte sprechen. Hier sind die beiden Bestandteile des landschaftlich romantischen Empfindens; und diese Gegend vereinigt sie in seltener Stärke. – Achtmal haben wir zwischen Zapotlán und Colima die tiefen Schluchten der Gebirgswässer hinunter- und wieder hinaufsteigen müssen. Die Felsenwände schneiden jäh und senkrecht ein in reiche Kulturen. Aber in der feuchten Wärme der Schlucht entwickelt sich eine andere, natürliche, üppige, jetzt mit Blumen bedeckte Pflanzenwelt; und Singvögel und Papageien nisten in den Zweigen. Oberhalb des Dorfes San Geronimo sind wir endlich aus diesem Schluchtenlabyrinth herausgekommen. Unten lag mit ihren Kuppeln und Türmen die Stadt Colima marmorweiß auf einer grünen, von Höhenzügen umschlossenen Ebene. – In ihrem Tal fließen die Gebirgswässer tiefblau an der Oberfläche; Kokospalmen und blühende Bäume stehen wie in einem Garten auf saftigen Wiesen; ein Duft wie von Tuberosen weht bis ins Gebirge her.

Colima, 30. Dezember 1896 bis 1. Januar 1897.

Überall sind hier Kokospalmen. Selbst die einstöckigen bunten Häuschen der Stadt beschattet zwei- oder dreimal so hoch wie ihre niedrigen Ziegeldächer ein Wald dieser Palmen. Durch ihre Kronen blickt in alle Plätze und Straßen scheinbar ganz nah der große Vulkan. Sein Aschenkegel ist fast weiß und steht in der klaren Morgenfrühe wie glanzloses Silber am lichteren Himmel. Der Reichtum des Tales sind seine fließenden Gewässer. Den Ort durchtost ein großer Gebirgsfluß in Strudeln und Stromschnellen. An den Brüstungen der Brücken sind Steinbänke, auf denen man abends, wenn keine Musik auf der Plaza ist, dem Rauschen des Wassers zuhören kann; die Gespräche der Nachbarn und die Schritte derer, die vorübergehen, sind so leise, daß sie kaum die vom Geräusch des Stromes erfüllte Stille stören. Der Flußwind weht Kühlung und den Nachtduft der Gärten zur Stadt herein. Und unten baden Kinder und Frauen: weiß im Mondenschein.

Die Frauen sind hier von einer glühenden Schönheit; der neapolitanische Idealtypus, der in Neapel so selten ist, kommt hier wirklich und oft vor. Was die Italiener ›Morbidezza‹ nennen, die wie vom Fieber erschlaffte Glut der großen, tiefgeränderten Augen, gibt dem Gesicht den Charakter; und dem Gesichtsausdruck entsprechen, wie man sagt, die Sitten.

❀

Manzanillo, 31. Dezember 1896.

Eine kurze vereinsamte Bahnstrecke verbindet Colima mit dem Hafenort Manzanillo am Stillen Ozean. Die See ist an dieser Stelle der Küste in ein kleines Gebirgstal eingedrungen, dessen Rundung das Wasser, kaum vom Winde berührt, leise rauschend füllt. Ringsherum fangen am Strandsaum gleich Wald und Hügel an, hinter denen das Hochgebirge wild zerklüftet emporsteigt. Der Ort liegt zwischen diesem Wasserspiegel und einem großen Bergsee auf der Einsenkung eines Hügelrückens wie ein Sattel.

Seine leichten Holzhäuser dehnen sich nach beiden Gewässern hinunter; ihre Bretter sind von der Sonne geschwärzt, trotz der Kokospalmen, die über ihnen ihre Kronen breiten. Den Ozean sieht man nicht; nur seine Brandung gegen das Außenriff tönt wie ein tiefer Baß zum helleren Rauschen der Hafenwellen. Die Landschaft erinnert an italienische waldumschlossene Meeresbuchten; doch ist das Gebirge hier wilder und mit Wald bewachsen dunkler; der Himmel tiefer; und das Blau des Wassers noch zarter und klarer: bis weit draußen sieht man darin die großen Fische, die Haie und Delphine, wie in Kristall schweben. Im Orte leben etwa achthundert Familien, die ihren Unterhalt auf die eine oder die andere Weise an den im Durchschnitt viermal im Monat anlegenden Schiffen verdienen. Die Männer fischen oder helfen beim Ein- und Ausladen von Waren. Die Sitten der Frauen sind wie an der ganzen Westküste! Und das Leben kostet fast nichts. Es gibt Männer, die jährlich bloß zwei Monate, das heißt etwa acht einzelne Tage, arbeiten und davon leben. Die Natur bietet hier ohne Arbeit das Notwendige: und das Klima tut das übrige, um die Menschen schlaff und wunschlos zu machen. – Für Europäer bedeutet der Aufenthalt den fast sicheren Tod. Die Luft bleibt selbst im Schatten immer schwer und warm; das Meerwasser umfließt einen, wenn man badet, wie lauer Balsam; ein feuchter Dunst steigt fortwährend aus der Lagune auf und schwebt vor allen Fernen wie ein Schleier von zitterndem Gold und Blau. – Wie die Sünde den Augen der Frauen hier ihre lockende Tiefe zu geben scheint, so leiht das Fieber der glühenden Schönheit der Landschaft einen nicht in Worte zu fassenden, dämonischen Reiz.

Tonila, 1. Januar 1897.

Gegen Abend sind wir von Colima zum Rückritt aufgebrochen. Im Gebirge ziehen heute zur Feier des Tages die Packträger betrunken und revolverknallend ihres Weges; in der Dunkelheit an den Wegebiegungen klang es wie Banditenüberfälle.

Wo wir übernachten, war ganz spät noch auf dem Marktplatz Serenade: zu Gittaren schwermütige Volksgesänge in Moll. In Europa kennt man davon nur die ›Paloma‹. Vieles mag auch nur mündlich überliefert sein; vielleicht lebt darin wie in der mexicanischen Gotik und Töpferkunst manches Altspanische, Alteuropäische, das im Mutterlande längst verklungen ist; Landsknechts- und Konquistadorenlieder, die mit dem Kreuz und dem Scheiterhaufen von jenseits der Meere kamen; oder vielleicht Reste von uralten indianischen Weisen, die wie die heidnischen Ornamente der Volkstöpfer von Guadalajara in die christliche Zeit sich gerettet haben; Lied und Ornament sind gleich zäh, ja unausrottbar. In der Neujahrsnacht klingen die weichen, einstimmigen Mollmelodien melancholisch und heimwehschwer zur Gitarre.

Sayula, 2. Januar 1897.

Heute kam unter dem Vulkankegel ein junger, merkwürdig dunkler Indianer auf einem mageren Schimmel an uns herangetrabt und erbat, da sein Diener beim nächsten Dorf zur Heimreise umkehre, die Erlaubnis, sich uns anzuschließen. Er komme sechs Tagereisen durch das Gebirge her und reite nach Guadalajara auf die Universität. Da er Student und offenherzig ist, habe ich im Laufe des Tages den Inhalt seines Geistes ausgepackt und notiert. Von spanischen Autoren kennt er nur Castelars bändereiche liberale Umwertung der Weltgeschichte. Don Quichotte steht zu Hause im Schrank, aber ungelesen. Engländer kennt er nicht. Von Deutschen dagegen Moltkes Kriegsgeschichte, die aber trocken sei, und Nordaus ›Lügen‹. Er war erstaunt, daß Nordaus Werke bei uns nicht als große Literatur gelten. Gehört hatte er von ›Don Carlos‹, Kant und Hegel und vom zweiten Teil des ›Faust‹. Seine wahren Lehrer aber sind die Franzosen, etwa die, die vor fünf bis zehn Jahren in Frankreich den Ton angaben: Renan mit seinem ›Leben Jesu‹, Victor Hugo mit seinen Dramen, Alexandre Dumas der Sohn, dessen Stellung zur Ehe er bewundert, und Zola, an dem ihm die Kirchenfeindschaft gefällt; von Taine hatte er kaum gehört; er scheint für hier zu positiv und grau, nicht genügend ›liberal‹. Außer diesen Büchern bevölkerte seine Phantasie natürlich alles, was einmal in Paris aktuell war: die Patti, die Marsbewohner usw. Auch die nichtfranzösischen Dinge faßt er französisch auf. Ich dachte an das, was L., ein gebildeter Franzose, mir neulich sagte: das moderne, d. h. das nichtkirchliche Mexico sei nur der Sprache nach spanisch, geistig dagegen französisch. – Vom Präsidenten meinte der Student: »Es muy asasino – Er ist ein großer Mörder.« Es lag darin naive Bewunderung, Ironie, kein Haß.

Gegen Mittag waren wir wieder am Engpaß von Atenquique. Neulich hatte ich ihn nur in der Dämmerung und nachts beim Lichte des Vulkans gesehen. Bei Tage ist er weniger malerisch-romantisch, aber dafür als Stück sichtlich erst werdender Natur um so gewaltiger. Der Gebirgsstock ist im Zickzack durch Wasser und Feuer mittendurch gespalten. Der Riß steigt in großen Kreuz- und Querzügen durch Felsenmassen auf. In der Tiefe sind Wälder und Dörfer mit Wiesen und Viehtriften. Die Basaltwände ziehen zu beiden Seiten parallel einander gegenüber und völlig senkrecht hin; der Felsen tritt, wo eine Ecke ist, wie ein Küstenriff, mit blanken Wänden, aber waldgekrönt vor. Man verfolgt den Spalt in seinen Windungen hinauf bis ganz fern an den Fuß des Vulkankegels. Immer wieder ragen hinter den vorderen Felsenwänden jäh abstürzende entferntere auf, wie Stufen, die zu den Vulkangipfeln emporführen. Der Stein geht in Asche, und die Asche in Rauch und dann in Wolken über. Was sonst nur in der Pflanze, im Tiere, in Körper und Gesichtsausdruck des Menschen erkennbar ist, erscheint hier im gewaltigsten Maßstabe auf dem Antlitze der Natur: die werdende Form, die Schöpferkraft der sich selbst schaffenden Welt.

Die Nacht verbringen wir in Sayula. Es war schon Abend, als wir einritten. Auf den Plätzen des Orts brannten wieder überall, wie gestern in Tonila, lichterloh die Freudenfeuer. Einige Gruppen hockten an der Flamme unter den Palmen eines Gartenplatzes und sangen leise Lieder in Moll. Durch Kneipenfenster leuchteten im Tabaksqualm die bunten Ponchos und die silbernen Ohrringe von Maultiertreibern. Ich habe die Franziskanerkirche noch einmal sehen wollen. Sie steht abseits von den heute erleuchteten Straßen mit ihrem mächtigen Pfeilerkranz im Dunkeln. Das Innere war nur schwach erhellt und fast leer; ein Beichtstuhl noch besetzt, und vor dem Altar einige betende Männer sowie zwei Frauen, die mit einem Kinde in ihrer Mitte knieten; der Kleine sprach ganz schnell die Gebete nach, die die beiden Frauen leiser murmelten; es war kein anderes Geräusch in der Kirche; zum Schluß hob die eine das Kind auf und ließ es Christi Knie, die blutigen, hoch am Kreuze küssen; dann entfernten sich die drei, die beiden Frauen und das Kind, Hand in Hand. – Im niederen Volk gibt es kaum einen Mexicaner, der nicht jeden Tag seine Andacht in der Kirche verrichtet und zu fest bestimmten Zeiten beichtet. Liberalismus und Unglaube sind hier noch aristokratisch; mein Student ist auf sie stolz. – Es ist nicht abzusehen, welche Veränderung in den Nachwirkungen aller Erlebnisse es hervorrufen muß, wenn einer sie Tag für Tag durch Gebet und Beichte ihrer Bitternis zu entkleiden vermag; und das von Kindheit an; ohne Kampf und ohne Zweifel alles in regelmäßigen Zwischenräumen im Himmel verziehen und deshalb auch aus dem eigenen Innern wie ausgelöscht. Unser Gemüt ist durch Generationen von selbstmarternden Vorfahren vielleicht krankhaft empfindlich geworden; wir werden schon so geboren, daß jede Berührung der Außenwelt länger und tiefer als bei den Menschen hier im Inneren unserer Seele fortschwingt. Ein kurzes Gewissen und stumpfe Nerven, das ist mexicanisch.

Guadalajara, 4. Januar 1897.

Wir sind heute mittags um ein Uhr hier angekommen; diesmal den ganzen Tag zu Pferde; die kleinen struppigen Tiere sind die dreihundert Kilometer durch Hochgebirge in dreimal vierundzwanzig Stunden gelaufen.

Guadalajara, 8. Januar 1897.

Heute nachmittag hat mir L. die Infanteriekaserne und das Gefängnis gezeigt. Sie ergänzen einander, da das System Diaz die kräftigsten Verbrecher der Armee zuteilt, statt sie im Gefängnis zu belassen. Man bekommt schwer Auskunft, ob und wie die Beimischung der Sträflinge den übrigen Ersatz im Heere demoralisiert; namentlich da auch dieser gewaltsam in entlegenen Dörfern oder aus dem Proletariat der großen Städte gepreßt wird. In Offizierkorps sollen die Banditen, die Diaz hineinbefördert hat, ganz tüchtig sein; ja, klubfähig. Eine moralische Ansteckung scheint man hier wenig zu befürchten, aus verschiedenen Gründen; unter anderen, weil eine Berufsarmee, im Gegensatz zu den modernen europäischen Heeren, Zeit und Gelegenheit hat, durch andere Bande als die allgemein menschliche Moral zusammenzuwachsen; und dann weil das Handeln hier überhaupt weniger von einem inneren Gesetz als von äußeren Einflüssen und Strafen bestimmt wird. Jedenfalls hält die Armee, wie sie rekrutiert wird, die Ordnung im Lande wirklich aufrecht; zum Teil gewiß durch die Ley-Fuga-Tötungen.

Der Oberstleutnant, ein liebenswürdiger, älterer Mann, zeigte uns selber seine Kaserne, ein altes Franziskanerkloster.

Die Räume sind groß, hoch, wohlgelüftet und sogar sauberer als meistens in Europa; hauptsächlich weil es keine Türen und kein Mobiliar gibt, vor allem weder Schränke noch Betten. Der Mann schläft auf der Erde; sein Zeug hängt an Nägeln, die Waffen stehen an offenen Ständern, und er wäscht sich und badet draußen in einer dichten Bananenallee. Nur für die Offiziere ist das Brausebad in einer früheren Klosterzelle. Überall ist elektrisches Licht; in den Mannschaftssälen brennt es die ganze Nacht.

Eine Folge der Rekrutierungsweise ist, daß es den Soldaten verboten ist, einzeln auszugehen. Sie haben, was wir ›permanenten Kasernenarrest‹ nennen. Zweimal in der Woche führt man sie zugweise in Reih und Glied in die Stadt oder zum Stierkampf; sonst läßt man sie nicht hinaus. Dafür ist von ihnen so gut wie keiner ledig; ihre Frauenzimmer, die den Tag über nicht in der Kaserne bleiben dürfen, ruft abends ein Signal. Wir waren gerade um sechs da, als es geblasen wurde; in ganzen Scharen kamen Weiber mit Schlafmatten, Kindern und Essen herein. Bei der Reveille müssen sie hinaus. Sie ersetzen im Kriege den Train; während die Männer kämpfen, sorgen sie für den Nachschub; angeblich ausgezeichnet. –

Im Gefängnis diente uns der Dichter Gutierrez als Führer, der zum Tode verurteilt ist und wahrscheinlich in den nächsten Tagen erschossen wird. Innerhalb der Anstalt läßt man ihn frei, und da er ein Bekannter von L. ist, so bot er sich uns als Begleiter an. Er erschien mir, abgesehen von der ›Aktualität‹ seines Verbrechens, als Mensch und als Exemplar seiner Rasse ungewöhnlich interessant.

Er ist wegen Meuchelmordes verurteilt. Geldfragen, Erbschaftsstreitigkeiten hatten ihn mit seinem Schwager verfeindet; die Erbitterung war im Wachsen, da wurde vor vier Jahren der Schwager in Sayula, während Gutierrez in ihrem gemeinschaftlichen Hause in einem Nebenzimmer saß, getötet. Ein Bandit gestand bald darauf den Mord, gab aber an, er sei von Gutierrez um achtzig Taler gedungen. Der Indizienbeweis scheint diese Aussage zu bestätigen. Gutierrez soll sogar geplant haben, den Banditen selber bei der Mordtat sozusagen in der Notwehr umzubringen, nur ein Zufall dieses verhindert haben.

Vor diesem Abenteuer hat Gutierrez Lieder gedichtet, die volkstümlich geworden sind; sentimentale und sarkastische Sachen, die zwischen dem Bänkelsängerstil und Heinrich Heine stehen. Jetzt verteidigt er seit drei Jahren seinen Kopf gegen den Scharfrichter ebenso kaltblütig, wie er den Mord seines Schwagers entworfen und vollführt hat. Vor kurzem war ihm seine Hinrichtung für den nächsten Morgen angezeigt; er kam in die Armsünderkapelle; mußte dort eine ganze Nacht bleiben, um am nächsten Morgen zu sterben; im Morgengrauen kam ein Aufschub. – Weder diese Stunden noch die Jahre, die er im Gefängnis Tag für Tag auf den Tod wartet unter rohen, schmutzigen Gesellen, oder noch schlimmer mit sich selbst allein, scheinen die geringste Spur hinterlassen zu haben; die Erlebnisse sind über seine Persönlichkeit wie Schatten über einen Stein hingegangen. Er ist als verurteilter Mörder ein hübsch reimender, gewandter Weltmann geblieben: mit guten Manieren, langsamen, vornehmen Bewegungen und einer Schlagfertigkeit, die scheinbar nie versagt. Er hat durch seine weltmännische große Art, trotz der Häßlichkeit seines Falles, eine Sonderstellung im Gefängnis. Als Diaz vor kurzem die Anstalt besichtigte, hat der Mörder Gutierrez ihn im Namen der Gefangenen begrüßt. Er soll dieses, ohne jede Anspielung auf sein Todesurteil, mit vollendetem Takte getan haben. Nach der Art, wie wir heute von ihm unterhalten wurden, hege ich daran keinen Zweifel. Er führte uns und erklärte die Anstalt ruhig und ohne Schauspielerei, man könnte sagen: wie ein Gentleman sein Haus. Vor allem vermied er sorgfältig den billigen Panzer der Ironie. Über seinen Fall sprach er, als L. ihn darauf brachte, vollkommen sachlich: nicht zu kurz, als ob ihm das Thema peinlich wäre, und nicht so ausführlich, daß es uns hätte langweilig werden können. Seine Unschuld betonte er nicht, das fände er wahrscheinlich geschmacklos; sondern erwähnte nur beiläufig, der Staatsanwalt habe ihm nichts nachgewiesen. Im übrigen, sagte er, hoffe er noch fest auf die Gnade des Präsidenten; und sei er schuldig, nun dann: wer den Mut habe, ein Verbrechen zu begehen, müsse auch den Mut haben, die Folgen mit Gelassenheit zu tragen. Er machte sogar einen Taktfehler von F. wieder gut. Gutierrez selbst hatte sich einen Augenblick, wie unter guten Bekannten, gehenlassen und gefragt, ob wir nicht auch fänden, daß es im Auskosten der tiefsten Verzweiflung eine Art von Genuß gäbe, der der Freude gleiche und den Schmerz durch den Schmerz selbst tilge. F., der Kurzwarenimporteur ist, erwiderte vorschnell, er wisse das persönlich nicht; »denn ich war in meinem Leben bestimmt noch keinen Augenblick unglücklich!« Darauf wurde es peinlich still, bis Gutierrez selbst sich lächelnd F. zuwandte: dann ginge es ihm wie dem General Mejía, den Kaiser Max am Abend vor ihrer Hinrichtung scherzend fragte, welcher Anzug für einen zum Tode verurteilten Feldmarschall oder Kaiser Vorschrift sei? Worauf Mejía: er könne darauf Seiner Majestät nicht Antwort geben, denn ihm sei noch nie die Ehre geworden, erschossen zu werden.

Bei Gutierrez gehen die Wurzeln eines merkwürdigen Einzelcharakters deutlich in den Boden der Rasse zurück. Die Unempfindlichkeit und das kurze Gewissen des Mexicaners wachsen bei ihm ins Dämonische.

VII

Querétaro, 11. Januar 1897.

Eine stille, dunkle Bergstadt ist Querétaro. An Stelle der Blumengärten, die sonst in Mexico den Städten Buntheit und Frische verleihen, stehen auf den Plätzen Zypressen und schwarzgrüne Eiben. Der Boden soll hier nur für sie günstig sein. Nirgends sind auch die Klöster so zahlreich; viele Straßen laufen ganz zwischen ihren öden Umfassungsmauern, deren obere Kante mit Glasscherben gesäumt ist. Die Stadt ist die kahlste und blasseste in Mexico. Und in diesen Rahmen hat der Zufall die düstere Endtragödie der mexicanischen Monarchie verlegt.

Der Kerker, in dem Maximilian mit seinen Todesgenossen Mejía und Miramón die letzten Tage vor der Hinrichtung zugebracht hat, liegt im ersten Stock des früheren Kapuchinasklosters; drei hohe und mäßig geräumige Klosterzellen. Der Fußboden besteht aus roten Ziegeln; die Türen gehen auf eine schmale Veranda, die einen kleinen, gepflasterten Binnenhof überhängt. Licht empfingen die Räume durch schmale Öffnungen in mehr als Manneshöhe. Der gegenwärtige Besitzer hat in die Straßenwand Doppelfenster brechen lassen; der Blick ist öde; gerade gegenüber begrenzen den Platz die weißgekalkten Mauern eines Klosters, über die hier und dort Zypressenwipfel emporstehen, und am Ende einer Straße nach der Vorstadt, ganz in der Ferne, zieht ein kahler Bergrücken. Die Räume sind vermietet. In Maximilians Zelle schlief das Ehepaar, das hier bis jetzt wohnte. Heute gerade ziehen neue Mieter ein. Betten und Mutter-Gottes-Bilder, Plüschsofas und Nachttische, das schäbige Hausgerät der alten und der neuen Familie stehen in ihrer kleinbürgerlichen Abgeschmacktheit auf dem Flur und in den drei engen Stuben durcheinander. Ein Kanarienvogel piept in einem früher einmal vergoldeten Bauer. Der Kaiser hat die Nachricht von der Zurückweisung der Gnadenbitte der Fürstin Salm und von seiner bevorstehenden Hinrichtung mit Mejía zusammen bei Miramón empfangen, in der entfernteren Zelle, die jetzt als gute Stube dient. Das übrige Gefolge, die Flügeladjutanten und der Stab des Kaisers, waren abgesondert in anderen Teilen des Klosters interniert; diese Flügel läßt man verfallen; Schutt liegt dort in den Sälen, und auf den Treppen wächst Gras; nur die Kirche ist restauriert und jetzt der Mutter Gottes von Lourdes geweiht.

Der Platz, auf dem die Hinrichtung stattfand, liegt draußen vor der Stadt. Der Weg führt vom Kerker aus zuerst unter Eiben in eine Vorstadtstraße und dann durch tiefen Sand zur Stadt hinaus. Gleich nach den letzten Häusern sieht man rechts einen sonnengedörrten, steinigen Hügel, den ›Cerro de Las Campanas‹; an seinem Fuß hatte der Kaiser seinen Degen Escobedo, dem republikanischen Oberfeldherrn, übergeben; und dorthin ließ ihn dieser zum Tode führen. Der Feldweg geht durch Wiesen und dann über Geröll hinauf. Auf der Richtstätte stehen drei Säulen aus rotem Granit; die erste trägt die Inschrift MEJIA, die

Erschießung Kaiser Maximilians von Mexico (1867). Gemälde des französischen Malers Edouard Manet (1832-1883)

zweite MIR^{ON}, die dritte MAX^{IMO}. Sand und Steine umgeben sie. Im Tal schlängelt sich ein von Weiden gesäumter Bach; in der Ferne liegt die Stadt, Kuppeln und Kirchtürme, zwischen denen Zypressen wie schwarze Kerzen stehen. Dahinter steigen amphitheatralisch flache Sandhügel auf. Sie waren die Tür der strategischen Falle, in die Maximilian gegangen war. Sein letzter Blick – er hatte gebeten, mit unverbundenen Augen zu sterben – muß den Hügelrücken und die Stadt mit ihren Zypressen gestreift haben.

Von den drei Monarchen, die gerichtet worden sind, verdient Maximilian am meisten Interesse. Er war begabter als Ludwig XVI. und gewissenhafter als der englische Karl; seine Schönheit und seine Jugend, die Mannhaftigkeit seines Ausharrens trotz Wortbruchs und Verrats, die Würde und die Anmut seiner letzten Stunden geben seiner Gestalt einen eigentümlichen, ritterlichen und menschlichen Zauber; und auch politisch zum Wohle Mexicos hat sich sein Schicksal nicht gerechtfertigt. Äußerlich ist er allerdings an der Phrase der ›nationalen Freiheit‹ gescheitert; politisch, das heißt zufällig, an der perfiden Unterstützung, die Nordamerika seinen Gegnern gewährte; im letzten Grunde aber ging er unter, weil er versuchte, eine noch unentwickelte Rasse mit europäischen Mitteln, das heißt anständig, zu regieren. Seine Regierung ist die aufgeklärteste, die wirtschaftlich fruchtbarste und bis auf den offenen Krieg die unblutigste gewesen, die Mexico in diesem Jahrhundert gehabt hat. Ihr Mißerfolg hat nur die Notwendigkeit dargetan, Mexico zu regieren, wie es Diaz regiert. Nachdem noch einmal alles experimentiert worden war, hat Diaz schließlich doch dasselbe wie Maximilian, das heißt die Befriedung des Landes durch die Monarchie, erstreben müssen. Er hat sein Ziel erreicht, weil er die Stirn gehabt hat, das vielleicht einzige hier wirksame Mittel anzuwenden: die Ley Fuga.

Anhang

Bei F. Fontane & Co.,
in Berlin, erschienen:
NOTIZEN ÜBER
MEXICO von Harry
Graf KESSLER,
mit Ornamenten von
G-LEMMEN und J-BURN,
und drei Heliogravüren.
Der Einband wurde
von G-LEMMEN
entworfen.
Preis:
broschiert 5 Mk. gebunden 6,50.

Prospekttitel

NOTIZEN · ÜBER · MEXICO · VON · HARRY · GRAF · KESSLER

bei F. Fontane & Co
BERLIN
1898

Titelei der Erstausgabe (1898)

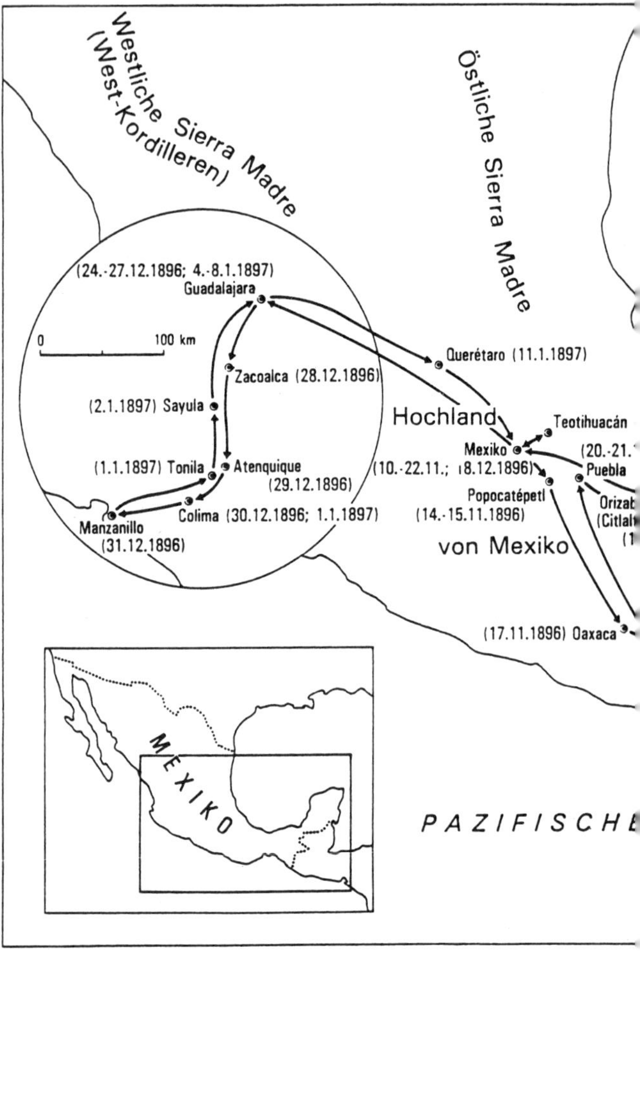

Westliche Sierra Madre
(West-Kordilleren)
Östliche Sierra Madre
(24.-27.12.1896; 4.-8.1.1897)
Guadalajara
0
100 km
Querétaro (11.1.1897)
Zacoalca (28.12.1896)
(2.1.1897) Sayula
Hochland
Teotihuacán
Mexiko
(10.-22.11.; 18.12.1896)
(1.1.1897) Tonila
Atenquique
(29.12.1896)
Puebla
Popocatépetl
(14.-15.11.1896)
Colima (30.12.1896; 1.1.1897)
Manzanillo
(31.12.1896)
von Mexiko
(17.11.1896) Oaxaca
MEXIKO

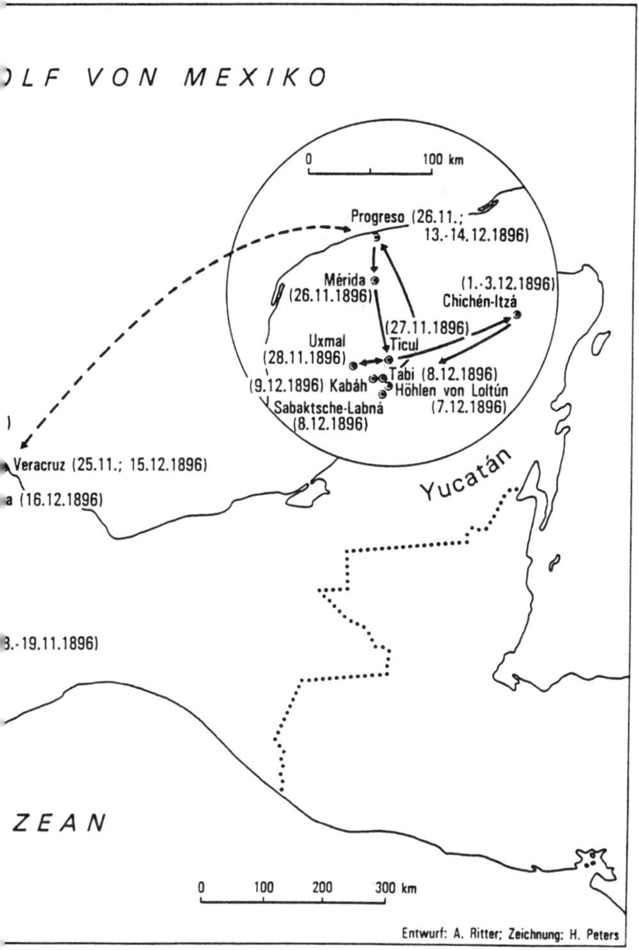

Harry Graf Kessler: Mexico-Reise 1896-1897

Personen-, Sach- und Worterklärungen

Die Erläuterungen folgen der Seitenzählung. Sie beziehen sich auf diejenigen Personennamen, fremdsprachlichen Ausdrücke und Sachverhalte, deren Bedeutung für das unmittelbare Verstehen des Textes erforderlich ist. Offenkundig falsche Schreibweisen sind korrigiert worden. Die wichtigen topographischen Begriffe werden durch die beigefügte Kartenskizze erklärt. Für Hinweise dankt der Herausgeber Prof. Dr. Dietrich Briesemeister (Ibero-Amerikanisches Institut, Berlin), Prof. Dr. Karl Hölz (Universität Trier), Dr. Nicolai Riedel (Schiller Nationalmuseum/Deutsches Literaturarchiv) und Prof. Dr. Günter Schnitzler (Universität Freiburg).

14 Stanley: Henry Morton St. (1841-1904; eigentl. John Rolands) brit. Journalist und Afrikareisender

18 Lafarge: John La Farge (1835-1910), nordamerik. Maler und Gebrauchskünstler; Wandgemälde, Glasmalereien, exotische Figuren- und Landschaftsbilder

Tiffany: Louis Comfort Tiffany (1848-1933) amerik. Kunsthandwerker des Jugendstils, Maler, Juwelier, Dekorationsglasproduzent (irisierendes Favrile-Glas)

19 das französische Viertel: Vieux-carré, French Quarter; zentraler Stadtteil von New Orleans (frz. Gründung 1718: Neuf Orléans)

Manon: Manon Lescaut, Figur aus der »Histoire du Chevalier des Grieux et de Manon Lescaut« (1731) des frz. Schriftstellers Antoine-François Prévost d'Exiles; Roman der Leidenschaft, seelischen Qual und des bornierten Moraldenkens

24 vizeköniglich spanisch: Mittelamerika und Teile des nördl. Südamerika seit 1535 Vizekönigreich Neu-Spanien

25 Dekadenz: Begriff für eine Kunstrichtung vor allem im 19. Jh., die sich dem Verfall im weitesten Sinne zuwendet

26 Mecheln: seit dem 17. Jh. für Spitzenklöppelei bekannte belg. Stadt

27 Flamboyant-/Tudorstil: frz. und engl. Spätgotik des 15./16. Jh.
Vilalpando: Christobal Villalpando (1649?-1714), mexik.-kolonialer Barockmaler
Coello: Claudio C. (1642-1693), span. Maler; Hofmaler, kirchliche Kunst
Velásquez: Diego Rodríguez de Silva y V. (getauft 1599/1660), span. Maler; Hofmaler, vor allem höfischer Porträts in leuchtenden Farben und impressionistischem Hell-Dunkel
Cortez: Hernando C. (1485-1547), span. Eroberer Mexikos (1519-1522)
28 Pulque: alkoholhaltiges mexik. Getränk aus gegorenem Agavensaft
Nopalsträucher: Feigenkaktus
30 ambrafarben: Amber (arab.), duftendes Stoffwechselprodukt des Pottwals, grau oder schwarz gefärbt
Peloto: span. Pelota; tennisartiges Ballspiel von zwei bis zehn Personen gegen eine Mauer
32 »la grandiosa opera in cuatro actos del sublime maestro Billini ›I Puritani‹«: die großartige Oper in vier Akten des vorzüglichen Meisters Billini ›I Puritani‹; Vincenzo Bellini (1801-1835), ital. Musiker und Opernkomponist; letzte Oper ›I Puritani‹ (Paris 1835)
Gounod: Charles G. (1818-1893), frz. Komponist (Faust-Oper 1859)
33 Mascagni: Pietro M. (1863-1945), ital. Komponist, Welterfolg mit der naturalistischen Oper »Cavalleria rusticana« (1890)
Organismus: Begriff der Kulturmorphologie, der auf die zusammenhängende Ordnung von Natur und Kultur zielt; u.a. angeregt durch Herder und Goethe, wirksam in der Philosophie des 19. und 20. Jh.
35 Luis Juárez: (1610-1639), mexik. Maler religiöser Historien
Florentiner Quattrocentisten: Quatrocento, ital. 15. Jh.; Sammelbegriff für die Maler der letzten Phase mittelalterl. Kunst
Sarto: Andrea de S., eigentl. A. d'Agnolo (1486-1530), ital. Maler, in Florenz und Paris arbeitend

Miguel Cabrera: (1695-1768), mexik.-kolonialer Maler; mexik. Barock

Murillo: Bartholomé Esteban M. (1618-1682), span. Maler aus Sevilla; Darstellung des span.-kath. Lebens, Förderung der Genrebildmalerei, Einfluß auf Velasquez

Guido Reni: (1575-1642) ital. Maler, Hell-Dunkel- und Goldtontechnik

düsseldorfisch: Düsseldorfer Schule, ab ca. 1826 bis zweite Hälfte 19. Jh. tätige Malergruppe, mit Düsseldorfer Akademie (1819) eng verbunden; romantische Historienbilder, sozialkritische Genremalerei, frührealistische Landschaftsbilder

Delaroche: Paul D. (1797-1856), frz. Maler (Historienbilder)

Montezuma: eigentl. Moctezuma II. (um 1466-1520), König der Azteken (Indianervolk im Hochtal von Mexiko, ca. 1000-1521), gefangener Herrscher während der Eroberung Mexikos durch Cortez

Guatemoc: Guatimozin, Cuanthemoc (ca. 1495-1525), letzter Herrscher der Azteken, von Cortez hingerichtet

Carreno: Juan C. di Miranda (1614-1685), span. Maler; Porträts, religiöse Bilder, Fresken; folgte Velasquez als Hofmaler nach

›Ave, gratia plena!‹ von Overbeck: Johann Friedrich O. (1789-1869), dt. Maler; Führer der sog. Nazarener (1809 ff.) in Wien und Rom, Erneuerung der Kunst auf religiöser Grundlage

36 Bourget: Paul B. (1852-1935), frz. Schriftsteller; psychoanalytische, naturalistische Weltdarstellung in den Romanen aus deterministisch-pessimistischer Perspektive

37 Generale Mejía und Miramón: Kaiser Maximilian ergebene Offiziere

38 der vorige Präsident: Benito Juárez (regierte 1858-1863; 1867-1877); liberale, bürgerkriegsreiche Zeit, Staatsbankrott

Briganten: ital. Briganti; aufständische Räuber/Söldner/Freiheitskämpfer in den Kriegen um Italiens Einheit (19. Jh.)

39 Feldzüge Maximilians: seit 1862 Invasion Mexikos durch frz. Truppen; 1863 Proklamierung des österr. Erzherzogs Maximilian (1832-1867) zum Kaiser von Mexiko; 1864/67 vergeblicher

Versuch M., ohne frz. Unterstützung den militärischen Aufstand der Republikaner abzuwehren; 1867 Niederlage und Exekution

46 Nationalheiligtum von Guadalupe: G. Hidalgo, nordöstl. Vorort von Mexiko mit Wallfahrtskirche, in der die Hl. Jungfrau einem Indio erschienen sein soll

47 Hidalgo: Miguel H. y Costilla (1753-1811), Priester und Führer der Indianer im Aufstand gegen die span. Kolonialmacht (Beginn der Befreiungskriege)

Azteken: Indianerstamm, der um ca. 1000 n. Chr. von der mexik. Hochebene aus einen politisch-kulturell hochstehenden Staat errichtete (Eroberung durch Cortez 1521)

49 Diaz: General Porfirio Díaz (1830-1915), Präsident (1877-1880; 1884-1911); oligarchisch organisierte Diktatur (sog. ›Porfiriat‹), gestützt auf kath. Kirche, Großgrundbesitz, ausländisches Kapital; wirtschaftliche Modernisierung und Verelendung der Landbevölkerung führen zum Ausbruch der mexik. Revolution 1911

50 Ludwig XI.: (1423-1483), König Frankreichs (1461-1483), geschickter, skrupelloser Monarch

52 ›Ley Fuga‹: (span.) Gesetz, das es Polizisten erlaubt, auf flüchtige Arrestanten zu schießen

54 Tilbury: (engl.) nach dem Erfinder benannter zweirädriger Wagen für zwei Personen mit Verdeck im England des 19. Jh.

Malatesta: seit 1136 bekanntes nordital. Geschlecht

55 Hokusai: Katsushika (1760-1849), jap. Maler und Meister des Farbholzschnitts

56 Tolteken: erste historisch belegte Indianergruppe im vorkolumbianischen Mexiko; beeinflußten die Azteken, zogen nach Yucatán und förderten die Maya-Kultur

58 ›ägyptischer Hermes‹: Hermes, griech. Gott des Weges, des Zaubers (Stab des H.), der Vermittlung zwischen Menschen und Göttern (Götterbote); in der Spätantike: Hermes Trismegistos (der ›Allergrößte‹), griech. Name des ägypt. Gottes der Schrift und Gelehrsamkeit Thot

Bellini: Vincenzo B. (1801-1835), ital. Opernkomponist
Donizetti: Gaetano D. (1797-1848), ital. Komponist (Opern und Kirchenmusik)
Mantillen: mantilla (span.) weiblicher Spitzenschleier über Kopf und Schultern
Monsterchor aus ›Zampa‹: »Zampa oder die Marmorbraut« (Uraufführung 1831), romantische Oper des frz. Komponisten Ferdinand Hérold (1791-1833); Monsterchor: evtl. Finale 1. Akt (Orgie) im Kontrast zum 2. Akt (kirchl. Zeremonie)
63 Retina: Netzhaut des Auges
65 Risorgimento: (ital.) Wiederauferstehung; Bezeichnung der bürgerlichen Revolution für den nationalen Einheitsstaat (1820-49; 1859-69)
67 Architravblöcke: (griech.-lat.) von Säulen getragener Querbalken
68 Shinto: aus dem Erlebnis von Natur und Seele hervorgegangene jap. Religion der Ahnengottheiten
69 Chaldäa: Chaldäer, Stammesgruppe mit Hochkultur in Südbabylonien, bedeutender König Nebukadnezar II. (605-562 v. Chr.), Eroberer Jerusalems
70 Magueypflanzen: Agavenart, zur Pulquegewinnung genutzt
71 Philipp d. Zweite: (1527-1598), König von Portugal und Spanien (1556-1598); Höhepunkt der span. Weltmacht und der Gegenreformation
72 seladongrün: Seladon, chines. Porzellan mit grüner/blaugrüner Glasur (10.-13. Jh.)
Talaveraware: Keramikart, benannt nach der span. Stadt Talavera de la Reina (Provinz Toledo)
Zipangu: (chin.) Reich der aufgehenden Sonne
74 Die Stadt, die er persönlich (usw.): 1862 Niederlage der Franzosen in Puebla
79 wenig mehr als fünfzig Jahre nach der Eroberung: 1522 (Cortez)
80 Theobert Maler: Teobert M. (1842-1917), dt. Architekt und Ingenieur, im militärischen Dienste Kaiser Maximilians, ab 1867-

78 Forschungsreisen in Mexiko, 1884 ff. in Mérida (Maya-Forschung)

81 Peplon: (griech.) Frauengewand; über den Schultern zusammengehaltenes Rechtecktuch

Holmes: William R. H., amerik. Mexiko-Forscher mit Veröffentlichung über Maya-Bauwerke (1895)

92 Cella: Hauptraum im antiken Tempel mit dem Götterbild

102 Stephens: John Lloyd St. (1805-1852), amerik. Archäologe, Forschungsreisender und Entdecker zahlreicher Mayastätten

109 Pilaster: (lat.) flacher Wandpfeiler

110 Posada-Spiel: populäre Weihnachtssitte; Jungen und Mädchen gehen von Haus zu Haus mit brennenden Kerzen, folgen einem Traggestell mit dem Bild der Mutter Maria

111 Flamboyantgotik: vgl. Hinweis zu S. 27

113 Responsorien: (lat.) kirchliche Wechselgesänge

Bécquer: Gustavo Adolfo B. (eigentl. G. A. Dominguez Bastida; 1836-1870), span. Dichter, Spätromantiker, schwermütige Prosa und Lyrik zwischen erträumter und wirklicher Welt (Hauptwerk: Leyendas, 1860-65)

Textnachweis: Meister Pérez der Organist (Maese Pérez, El organista. In: Leyendas. Madrid 1871). In: G. A. Bécquer: Die grünen Augen. Phantasiestücke. Aus dem Spanischen übersetzt von Fritz Vogelsang. Stuttgart: Klett-Cotta 1982, S. 58-79; hier: S. 67 f.

117 Losada: Manuel Lozade, Guerellero und cacique, 1873 erschossen?

123 Aguardiente: Branntwein, Schnaps

125 Sammetbreughel: niederl. Malerfamilie; Jan d. Ältere (1568-1625), genannt Samt- oder Blumenbreughel, malte motivreiche kleine Landschaftsbilder und Stilleben mit historischer oder genrehafter Szenerie

Callot: Jacques C. (1592-1635), frz. Kupferstecher und Radierer von Genreszenen vom täglichen Leben in Stadt und Land

126 ›Iglesia del Tercer-Orden‹: Kirche des Dritten Ordens – Tertiarerkirche (Franziskaner)

127 churrigueresk: Churriguera, span. Bildhauerfamilie des 17. und 18. Jh.; überreicher Ornamentalstil = Churriguerismus

Serrano: Bergbewohner, Bergbauer

129 Tuberosen: (lat.) Nachthyazinthen, Knollenpflanzen (Lilie) mit weißen duftenden Blüten

130 ›Morbidezza‹: (lat.-ital.) Weichlichkeit (Malerei)

132 die mit dem Kreuz und dem Scheiterhaufen (usw.): hier die Kolonialpolitik der Spanier – zwangsweise Missionierung, Inquisition und Unterdrückung mit dem Schwert

133 Castelar: Emilio (1832-1915), Präsident der ersten Republik in Spanien (1873/74), Politiker

Moltkes Kriegsgeschichte: Helmuth Graf v. M. (1800-1891), Militärführer (Generalfeldmarschall) und Stratege; Geschichte des Dt.-Frz. Krieges von 1870/71 (1891)

Nordaus ›Lügen‹: Max N., eigentlich M. Südfeld (1849-1923), Schriftsteller, Zeitkritiker; zusammen mit Theodor Herzl einer der Gründer des Zionismus (polit. Bewegung des Judentums zur Rückkehr in das ›Land Israel‹ mit Jerusalem als Hauptstadt)

Renan mit seinem ›Leben Jesu‹: Ernest R. (1823-1892), frz. Religionswissenschaftler, Orientalist und Schriftsteller, Hauptwerk: »Das Leben Jesu« (1863) = Jesus als anarchistisch-religiöser Idealist

Taine: Hippolyte T. (1828-1893), frz. Kritiker und Historiker, votierte für parlamentarische Monarchie; seine Erklärung des Kunstwerks aus Rasse, Milieu, Moment, individueller Begabung beeinflußte Zola

Patti: Adelina P. (1843-1919), ital. Opernsängerin

137 Reveille: (frz.) militärischer Weckruf

138 Bänkelsängerstil: Bänkelsang, seit dem 17. Jh. auf Jahrmärkten vorgetragene Lieder (Moritat) über aktuelle Ereignisse von einem Sänger, auf einer Bank stehend (Bänkel)

140 Endtragödie der mexicanischen Monarchie: Kapitulation des kaiserlichen Heeres in Queretaro (1867), Gefangennahme und Exekution Kaiser Maximilians (19. 6. 1867)

140 Kapuchinakloster: Kapuzinerkloster

142 ›Cerro de Las Campanas‹: (span.) ›Hügel der Glocken‹, Exekutionsort Kaiser Maximilians und seiner Generäle Miramón und Mejía

143 Ludwig XVI.: (1754-1793), frz. König, verweigerte im Verlauf der Französischen Revolution konstitutionelle Monarchie und wurde hingerichtet

der englische Karl: König Karl I. (1600-1649; reg. 1625-1649); regierte ohne Parlament (göttliches Recht des Königs) mit Hilfe der Royalisten, unterlag nach zwei Bürgerkriegen (Oliver Cromwell) und wurde hingerichtet (Tyrannei, Bürgerkriegsverantwortung)

an der perfiden Unterstützung (usw.): Regionale Macht- und Wirtschaftsinteressen der USA (Vertreibung der Franzosen vom amerik. Kontinent/amerik. Investitionen) sind die Ursachen für die fehlende Unterstützung Kaiser Maximilians

Nachwort

I

Der Autor

Harry Graf Kessler (* Paris 1868 – † Lyon 1937) genoß eine kosmopolitisch-polyglotte Erziehung und vielseitige akademische Ausbildung. Er gehört der deutschen und europäischen Elite an und ist mit einem sensiblen Krisenbewußtsein ausgestattet. Im Hinblick auf die Mexikoreise steht jene umfassende Vorbildung bereit, die sein Denken fundiert und methodisch so eingerichtet hat, daß er sich mit Teilaspekten eines fremden Kulturraums relativ sachgerecht auseinanderzusetzen vermag. Diese Bedingungen haben die Studiengänge bei dem Altphilologen Usener, dem Archäologen Kekulé und dem Nationalökonomen Sasse geleistet, vor allem bei dem Kunstgeschichtler Springer und dem Philosophen Wilhelm Wundt. Springers morphologische Auffassung von Kunst korrespondiert in der Idee vom »Formenwandel« für Kessler mit Wundts Auffassung vom »Gestaltenwandel der Ideen« und seinem Begriff von »Seele«, verstanden »als die kürzeste Ausdrucksweise für den Schauplatz der psychologisch betrachteten Erscheinungen« (KGS 1.192/8; 121), sieht dieses organisch-ganzheitliche Denken durch Nietzsche ergänzt, der sich auf die neue Befindlichkeit eines aristokratisch-snobistischen Individualismus unter den Intellektuellen bezieht. Dazu zählen ›dekadente Innerlichkeit‹, der ›Wille zur Macht‹ (Hamann/Hermand, 23/6), der ›pathetische‹ Ruf nach dem »Gleichgewicht zwischen Mensch und Milieu«, »Persönlichkeiten [...] und einer neuen Sittlichkeit«, durch die sich die Arbeit der »Seele« zur »Gemeinschaft der Anschauungen und Kulturformen im gefährlichen Durcheinander der europäischen Rassen, Völker und Staaten« entwickelt (KGS 1.209/16; 324 ff., Tagebuch 6 ff.). Daran orientiert sich Kessler und erkennt jene »seelischen Reaktionen« als eine Möglichkeit der »geistigen Revolutionierung« während der krisenhaft empfundenen »Zeitwende« (KGS 1.197 f.).

Kessler versteht das Reisen als existentielle Sinnsuche. Der reiche, beruflich ungebundene, intellektuelle Europäer und Patriot aus dem Kaiserreich Deutschland, einem wichtigen Außenhandelspartner Mexikos, offiziös, standesbewußt und kosmopolitisch auftretend, reiseerfahren (Spanien/Nordafrika, 1888; Weltreise, 1892), unterscheidet sich vom Exotiktouristen. Politische und philosophische Intentionen steuern die Exkursionen so, daß die Landeserkundung vom Erkenntnisgewinn fürs Ich- und Weltverständnis (Identitätssuche) bestimmt wird. Das Dilemma allerdings, der europäischen Zivilisation auch im anderen Land zu begegnen, mit der eigenen Reise die Fremderfahrung überformend und so die eigenen Erfahrungsmöglichkeiten einschränkend, ist Kessler nur ansatzweise bewußt.

Ob des Geographen Friedrich Ratzels Buch (Aus Mexico. Reiseskizzen aus den Jahren 1874 und 1875. Breslau 1878) Kessler beeinflußt hat oder es mehr ein Kokettieren mit globaler Mobilität ist, wenn er, auf dem Wege nach Nordamerika, aus Southampton schreibt, er »gedenke jetzt etwa 4 Wochen drüben zu bleiben, wovon etwa 14 Tage in den kanadischen Urwäldern und dann direkt nach Nord Afrika zu fahren, etwa Azoren, Teneriffa, Algier« und in die Wüste (an Bodenhausen v. 9. 10. 1896), oder andere Anlässe die Planung begründen lassen – das kann mangels Unterlagen nur annäherungsweise bestimmt werden.

Zu den möglichen Beeinflussungen gehören das modische Exotikinteresse, Reisebeschreibungen, Mexikos aktuelle weltwirtschaftliche Bedeutung, die gescheiterte französische Intervention unter Napoleon III. in Mexiko, endend mit der Hinrichtung des österreichischen Erzherzogs Maximilian in Querétaro 1867, eines machtlosen europäischen Satrapen und nominell mexikanischen Kaisers. Es gibt weitere private Ursachen wie die ›bohemehafte Mobilität und Reiselust‹ von Freunden und familiärer Landbesitz in Kanada sowie die enge Beziehung zu Nietzsche. Für den Philosophen verkörpern in den Jahren der Krankheit (1881 ff.) und »Zarathustra«-Arbeit die »Hochlande von Mexico« als Sehnsuchtstopos das idealische Gegenbild zum »alte[n] Sündfluteuropa« (an Peter Gast v. 19. 2. 1883). Vermutlich haben auch die ersten Bildnachrichten von 1895 über die Baukultur der Mayas auf der Halbinsel Yucatán Kessler beeindruckt, veröffentlicht von dem Archäologen Teobert Maler, den er dann auch aufsucht.

Der Reisende Kessler trifft auf ein vorrevolutionäres, diktatorisch regiertes Land mit komplexen gesellschaftspolitischen, sozioökonomischen und kulturellen Eigenschaften. Er begegnet den Resten einer autochthon indianischen und kolonialspanisch überformten Kultur, auf die Zeugnisse spanischer Leistung und zeitgenössische franko-amerikanische Einflüsse. Er reist unter scheinbar politisch stabilen, wirtschaftlich günstigen Bedingungen der zweiten Amtszeit des Präsidenten General Porfirio Díaz (sog. Porfiriat: 1884/1911), dessen oligarchische Herrschaft, unterstützt durch die katholische Kirche und ausländische Investoren, für eine trügerische innen- und außenpolitische Ruhe sorgen.

Kessler hat eine Reiseroute gewählt, die schon damals den touristisch reizvollen Bedingungen folgte: die Hauptstadt Mexiko und Umgebung, der Nordwesten und Westen der Kordilleren, der Südosten und die Halbinsel Yucatán (s. Karte). In der Zeit vom 9./10. November 1896 bis zum 11. Januar 1897 bewältigt er innerhalb von 63 Tagen ca. 5860 km Landweg (mit Seereise nach Yucatán: 7160 km).

Der Text

Der vergleichsweise schmale Band »Notizen über Mexico« ist die zweite und bekannteste Publikation Kesslers. Der Erstausgabe von 1898 folgen weitere 1903, 1921, 1929, 1962 und 1988. Dem Genre, seinem exotischen Gegenstande und einer impressionistisch, essayistischen Darbietungsweise nach gehört dieser Text in den Zusammenhang zeitgenössisch modischer Reiseberichte.

Die theoretischen Bedingungen des Textes, der auf Tagebuchnotierungen vom 9./10. November 1896 bis zum 11. Januar 1897 zurückgreift, folgen 1. den historiographisch ausgerichteten, den epischen Vorgang linear bestimmenden Umständen der itineraren Orientierung (Topographie: Raumabfolge) und der kalendarischen Sequenz (Diarium: Zeitabfolge); 2. einer ausgeprägten, die Textstruktur organisierenden Diskursschichtung und Perspektivendynamik, zwischen Sachbezug (das Fremde) und Subjektbezug (das Eigene) changierend und so Gegenstands- und Themenwahl steuernd; 3. einer morphologischen, ganzheitlichen Sicht von Kulturentwicklung; 4. einer autobiographisch und ästhetisch orientierten, auf existentielle Erkenntnis gerichteten Intention, Perspektive und daran gebundenen Glaubwürdigkeit. Die Bedingungen seiner ästhetisch bestimmten Erkenntnistheorie und Erkenntnisorganisation, die Kessler in der Vorrede zu seinem »Mexico«-Bericht knapp erläutert, arbeitet er in dem nach der Reise erschienenen Aufsatz »Kunst und Religion« (1899) aus und greift die Grundgedanken in Anmerkungen zur »Technik des Memoiren Schreibens« (1932) wieder auf: »Memoiren: Sinngebung aus der Perspektive einer Persönlichkeit. Ebene darum *Perspektive*. Rangordnung der Dinge und Geschehnisse im Hinblick auf die Persönlichkeit und ihr Drama, ihre wechselnden Situationen, ihre Tragik und Tragikomik. Dadurch Überwindung der blossen Chronik, der Rangordnung der Personen nach ihrer blossen ›Berühmtheit‹; dafür Einordnung in die Situation und den dramatischen Aufbau des Ganzen; Organisierung des Stoffes. [...]« (Tagebuch 494).

Weil seine Kunst- und Weltsicht die Textorganisation

und den Schreibmodus steuern, geht es anstelle von Chronologie um Korrespondenzen, ausgerichtet auf sein Anliegen: Vorstellung + Gefühl – Seelenvorgang = Existenzerfahrung, erlebbar in den Zusammenhängen von Natur, Religion und Kunst. Daraus folgt die symmetrische Binnenkomposition des Textes, die der äußeren des traditionellen Reiseberichts unterlegt ist und diesen und damit die historische Reise relativiert: 1. Rahmenberichtteil: Kap. 1 + 7 – raum-zeitliche, gesellschaftspolitische wie kulturelle Nähe und Distanz zum anderen Land; 2. zentraler Berichtteil: Kap. 2 + 6 – Vorstellungen der Natur; 3. Kap. 3 + 5 – Vorstellungen der Religion; 4. Kap. 4 – Vorstellungen der Kunst.

II

Das erste und letzte Kapitel fungieren als Rahmen. Inhaltlich geht es in Kapitel eins um die Anreise zwischen dem 10. Oktober und dem 8./10. November 1896 nach New York und weiter über New Orleans nach Mexiko-Stadt. Das siebte schildert die Fahrt nach Querétaro am 11. Januar 1897, wo Kaiser Maximilian 1867 von mexikanischen Revolutionstruppen besiegt, gefangengenommen und exekutiert worden ist.

Die raum-zeitliche Annäherung über die Schiffsreise und Bahnfahrt ist gleichzeitig ein raum-zeitlich sich entfaltender Berichttext mit der darin beschriebenen Welt für den Leser und die erinnernde Niederschrift über den erinnerten Reisenden in der geographischen und geschichtlichen Näherung an ein erinnertes Land für den Autor. Mit dem daraus folgenden Diskurs anverwandelt Kessler die Faktenfülle der tatsächlichen Reise seinem Anspruch des »geistigen Sehvermögens«, handhabt diese so sortierend, wie sie funktional seiner Reisebuchorganisation entspricht.

Da es um Mexiko als Staat, aber auch als »neue Seelenwelt« gehen soll, leisten die vier Erfahrungsbereiche Meer, Metropole New York, Südstaatenzentrum New Orleans, Zielland Mexiko sowohl die subjektive seelische Einstimmung als auch den objektbezogenen landeskundlichen Kontrast zum Herkunftsraum Europa. Das Meereserlebnis stellt mit seiner »Seelenähnlichkeit« die psychische Disposition als leitmotivische Grundhaltung des Reisenden her. New York steht als ›big city‹ stellvertretend für »eine große Nation im Werden« und gewährt Einblick in dessen ambivalente Haltung gegenüber den USA als fremdem Staat europäischen Ursprungs. Die impressionistische Skizzierung von New Orleans beschreibt die Stadt und die emotionale Reaktion des Betrachters als statisches Genrebild idyllisch-sentimentalen Zuschnitts, die exotische Szenerie als labile multikulturelle Melange mit ihrer morbiden Atmosphäre vorstellend.

Das Schlußkapitel, mit dem 11. Januar 1897 datiert, widmet sich dem Besuch in Querétaro, einer Distrikthauptstadt nordöstlich der Kapitale. In drei Berichtschritten geht es ausschließlich um die Würdigung der »Endtragödie der mexicanischen Monarchie«. Der Autor verfährt wertend, indem er in Maximilians Tod das Märtyrerschicksal eines europäischen Kulturvertreters versteht, geschehen in einer Stadt, die er kulissenhaft als Totenstadt skizziert. Über die erzählende Ausgestaltung des Richtplatzes auf dem »sonnengedörrten, steinigen Hügel« mit Aussicht auf die

»Stadt, Kuppeln und Kirchtürme, zwischen denen Zypressen wie schwarze Kerzen stehen«, stilisiert er die füsilierte Majestät zu einer heroischen Figur in ihrer geschichtlichen Opferrolle. Weil er Maximilian so deutet, entlehnt er Arnold Böcklins »Toteninsel« (1880/83) die Landschaftsstaffage des Weihevollen und verweist mit keinem Wort auf Edouard Manets Darstellung »Die Erschießung Kaiser Maximilians von Mexico« (1867), das über die bildliche Fixierung des Todes auch die symbolische Festlegung eines Endes europäischer Politik in diesem Land leistet. Die damit verbundene politische Einschätzung offenbart Kesslers europäische Sicht, latent imperialistische Haltung und die Neigung zu einer in diesem Sinne opportunen Geschichtsklitterung. Das internationale Ränkespiel um Mexiko zu einer Zeit des Machtvakuums, die handfesten geopolitischen und wirtschaftlichen Interessen des nördlichen amerikanischen Nachbarn sowie der überseeischen europäischen Mächte und die nur vierjährige dürftige Regierungsleistung Maximilians werden von dem angehenden Diplomaten Kessler, aus welchen Rücksichten auch immer, erstaunlich dilettantisch ausgelegt.

III

Der eigentliche zentrale Teil der Reisebeschreibung reicht vom Beginn des zweiten bis zum Ende des sechsten Kapitels. Kessler gestaltet seine Ausführungen überwiegend chronologisch entlang dem itineraren Verlauf der Reise im Raum und dem kalendarischen in der Zeit. Dieser horizontalen Organisationsform innerhalb der Koordinaten von

Wirklichkeit teilt er eine zweite Organisationsform zu. Sie steht quasi senkrecht zur ersten, ergänzt den Objektbezug der Vorstellungen und hebt im Subjektbezug der dekadenten Gefühle die Gegenstände in sentimentalischer Ideensuche mit Hilfe des erfahrenen ›Zustandes der feiernden Seele‹ in Raum- und Zeitlosigkeit auf. Horizontale, vertikale und symmetrische Anordnung, damit verbundener Wechsel von Diskursebenen, Gegenständen und Sprechweisen bei konstanter Intention, dem Leitmotiv und ideellen Fluchtpunkt einer ästhetisch-moralischen kosmopolitischen Regeneration zugeordnet, die davon gesteuerte Auswahl und literarische Fügung der Themen und Motive zum Reisebericht organisierend – sämtliche Umstände zusammengenommen ergeben die charakteristische Textstruktur. Diese zeige sich als harmonische Kunstordnung der Dinge besonders signifikant im »Ornament« der Malerei wie musikalischen »Komposition« und bestätige über die symbolische Verweisleistung und deren ›seelischer Erfassung‹ die Vielheit der Welterfahrung als Einheit. ›Seelenzustand‹ und »Weltgefühl« werden zum basso continuo in der kontrapunktischen Komposition des Textes.

Beide Kapitel ergänzen einander. Das eine, datiert von Anfang November 1896 bis zum 22. des Monats, bestimmt durch den Schauplatz der mexikanischen Hauptstadt, konzentriert sich thematisch auf eine Art landeskundlichen Überblick. Das andere, die Aufenthaltszeit vom 28. Dezember 1896 bis zum 8. Januar des nächsten Jahres umfassend, verweist schon mit dem Untertitel »Durch die West-Kordilleren« auf Erfahrungen mit dem in Europa als gegensätzlich, in Mexiko als komplimentär begriffenen Verhältnis von Kultur und Natur.

Der landeskundliche Exkurs, eine Lesereinführung in den anderen Staat und die Sehweise des reisenden Autors, handelt am Beispiel der urbanen Landschaft die Aspekte Architektur, Bevölkerung, Kunst, Kirche, Nationalgefühl, Gesellschaftspolitik und dann, im sechsten Kapitel, die natürliche Landschaft ab. Dabei definiert Kessler seine Rezeptionsbedingungen. »Aus Gelegenheitseindrücken« (Stimulationsprinzip) bilde sich der »Instinkt für das, was am neuen Lande dem eigenen Ich von Wert sein kann« (Auswahlprinzip), »für die Art der lebendigen Berührung, die zwischen beiden möglich ist« (Begegnung mit dem Fremden), unter den Konditionen der »Zwillingserscheinungen der Dekadenz«, von »Reizbarkeit« und »Stumpfheit« (Selbst- und Weltverständnis). Daraus ergebe sich die Authentizität von gelebter Welt und Welt im Text, die von der Erfahrung, der visuellen Wahrnehmung »des tropischen Lichts« und der impressionistischen Wiedergabe im Text hervorgebracht werden. Somit unterscheide sich die aktuelle, vordergründige und vorläufige Wirklichkeit von einer tatsächlichen, dauernden und hintergründigen, neu zu entdeckenden.

Sensibel verfolgt der Autor die visuellen Reize des mexikanischen Landes, ausgelöst durch die »Macht des Lichts«. Sie erscheint als die gestaltende und integrierende Kraft, die zur eigentlichen *Architektonik* wird. Das Licht vereinige Flächen und Formen, Gebäudeteile und Dekoration verschiedener Epochen und Architekten zu einem Bauorganismus, dessen Strukturen einer »Ornamentik« folgen und im »Akkord [...] mit den Tageszeiten« den ästhetischen Wechsel zwischen den Nuancen »Hell und Dunkel« vollziehen. In diesem Zusammenhang ›interessieren‹

»der tropische *Mensch*, die tropische Menschengesellschaft«, ihre »Psychologie«, die Kultur, »das Rassenproblem«, weniger die ethnisch-kulturellen, sozioökonomischen Verhältnisse. Unabhängig davon, ob es um die Bewohner von Stadt oder Dorf, um soziale Schichtung geht: der gesellschaftlichen Pluralität begegnet Kessler mit typisierender Vereinfachung, die Klassenbewußtsein nicht verleugnen kann. In seinem Mexikobild stehen sich die einfachen Leute und die herrschende Klasse gegenüber, wobei letztere ihm gesellschaftlichen Halt vor dem Fremden gibt, dem er sich als Person nicht öffnet – jenem tropischen »Volkshaufen«.

Die diagnostizierte »Nerventrägheit« der Mexikaner ist Kessler die Ursache für »dürftige Naturbeobachtung« und »die Art der bevorzugten Reize« in der postspanischen *Kunst*, weil die reduzierte »Phantasie« extreme Impulse verlange. Auf dieser »Stumpfheit der Sinne und Phantasie« beruhe der schwache »Wille« zur »Motivierung ihres äußeren Handelns« und »Selbstbewußtsein[s]«, und darum habe das Volk keine Kraft für die Organisation des politischen Lebens. Mexiko existiere nur als Staat, weil »die Kirche, das Nationalgefühl und die politische Gewaltherrschaft« es »am kräftigsten kitten«. Die Macht der Kirche ergebe sich aus dem Stimulieren indianisch-mythologischer Glaubenselemente in christlicher Form, ihrem kolonialspanischer Herkunft zu verdankenden »Glanz«, »Reichtum« und ihrer »Gelehrsamkeit«. Diese Macht ergänze das *Nationalgefühl*, im Ressentiment gegen den unterdrückenden Beamtenapparat, verankert im indianischen Selbstbewußtsein. Und der *Staat*, verkörpert durch den Präsidenden Díaz, zeige sich als »unumschränkte Monarchie« der wirtschaftlichen »Fortschritte« und der Gewaltherrschaft. Diese ambivalente Einschätzung der gesellschaftspolitischen Umstände ist eine Folge von Kesslers psychomonistischer Sicht. Und seine anthropologischen Beobachtungen zu rassischer Reinheit, Überzüchtung und Gesundheit, die völkerpsychologischen und behavioristischen Folgerungen passen die tatsächlichen Verhältnisse dem Denkmodell des dekadenten europäischen Beobachters an, dem Mexiko lediglich als Vehikel einer intellektuellen Selbstbespiegelung dient.

Mit den Hinweisen zu den städtischen Verhältnissen korrespondiert das sechste Kapitel, in dem es um die Reise »durch die West-Kordilleren« von Guadalajara bis nach Manzanillo an der Pazifikküste und zurück geht. Der Hochlanderfahrung (Ebene) folgt die Hochgebirgserfahrung (Berge), dem Erleben der städtischen Menschenmenge (Kultur) das Erleben der Einsamkeit im Gebirge (Natur). Beharrlich erläutert Kessler sein psychomonistisch, visuell bestimmtes Erfahren von Natur durch den »Augen- und Gefühlszauber« und die Erklärungsweise einer »psychologische[n] Umformung der Landschaft« in spanischer Kolonialzeit. In der Kontrastierung von Kultur und Natur setzt er die vorgeblich beobachtete Dekadenz der Gesellschaft gegen die Natur in ihrer »völlig ahistorischen, unlebendigen und zeitlosen Wirklichkeit [...] ohne Geschichte, außerhalb der Zeit« als »Vision« der »Realität einer Wirklichkeit der reinen Möglichkeiten«, wie es Ernesto Grassi später ähnlich formuliert (Reisen, 87, 52).

IV

Für seine morphologisch-universalistische Sicht von Kultur und die damit verbundene Disposition der Sinnesreize findet Kessler in der Architektur religiöser Bauwerke und Zelebrierung religiöser Riten die angemessenen Voraussetzungen. Die beiden korrespondierenden Kapitel drei und fünf dokumentieren diesbezügliche Erfahrungen, die er vom 12. bis zum 24. November 1896 auf Exkursionen nach Teotihuacán und Oaxaca sowie auf der Fahrt von Veracruz über Córdoba und Mexiko-Stadt nach Guadalajara zwischem dem 13. und 27. Dezember 1896 macht. Darin ist das Material so verteilt, daß einer Beschreibung von drei religiösen Kultstätten Berichte über drei religiöse Feiern folgen. Interessant ist, wie sich ihm ein kulturgeschichtlicher Zusammenhang zwischen Architektur und Religion der vorkolonialen mit der nachkolonialen Zeit ergibt.

Beispielhaft für die Rezeption am Ort, die schriftliche Wiedergabe und den Bildungsgewinn kann die Auseinandersetzung mit dem »Ruinenfeld von Teotihuacán« gelten. Kessler geht, wie üblich, in drei Schritten von der archäologischen Objekterklärung über die Schilderung beseelter Objekte durch die psychische Reaktion des Betrachters zur Bewertung der Zusammenhänge vor. Die Schilderung der »Tempelstadt« erfolgt nicht vermessend und detailgetreu. Sie konzentriert sich auf die Komposition der Gesamtanlage von »Pyramiden und Schuttkegeln«, zählt auf, sortiert die Objekte in der Flächenanordnung und vertikalen Ausdehnung, um an diesen Proportionen zu erläutern, wie »die Größe der Masse und die Länge der Zeit«, die frühere Bewohner zum Durchmessen der Anlage benötigten, »mit starken subjektiven Gefühlen verbunden« wurden, um so über die »Sinne zum Herzen« zu dringen. Diese seelische Wirkung von religiöser Architektur, für ihn an den alten Kulturen zwischen »Ägypten« und »Siam« ebenso zu beobachten, ist ihm Teilfunktion des religiösen Ritus, den er zu suggerieren versucht, dessen »Überlieferung« verwendend und die Szenerie planvoll belebend. Dabei ergibt sich der beschworene Zeremonienhöhepunkt im heidnischen »Opferritus« als simulierte Unio mystica zwischen der monumentalen Architektur, dem symbolischen »heiligen Mord des Priesters«, dem »Menschenherz[en]« als Organ und Platz der Seele, der Natur von »Sonne und den lichtstrahlenden Gletschern ringsum«, der es ›geweiht‹ ist. Resignierend sagt Kessler, daß das, was an »Menschheitsseele« damals wohl erlebbar war, als »Gewaltiges« einer verlorenen Wirklichkeit nur über die »psychologische Flora auf dem Neuentdeckten« nachzuempfinden sei. Psychische Stimulation und ästhetischer Vorgang des »Schauspiels« sind ihm wichtige Konstituenten bei der Begegnung mit präspanischer Kultur. Das Unfaßbare eines mörderischen Kultes, das zutiefst Inhumane nimmt Kessler wie die Folgen der aktuellen despotischen Landesverhältnisse nur im Sinne historischer Fakten wahr.

In Kapitel fünf geht es um die Erfahrung religiöser Gebäudenutzung. Weil die Reisezeit in die Weihnachtstage fällt, hat Kessler mehrfach Gelegenheit, das katholisch-mexikanische Zelebrieren der Weihnachtsbotschaft zu erleben. Nacheinander schildert er Eindrücke aus der »Kirche der Schmerzensmutter« in Orizaba, dem »Dom« von Guadalajara und vom Platz eines Indianerdorfes. Dabei wird erneut deutlich, wie er nur über die Eindrücke von

»Auge und Ohr« dem harmonischen Zusammenhang von prachtvoller Gebäudearchitektur, exotischer Choreographie der beteiligten Gläubigen und eigentlicher Zeremonie nachspürt, alles als »Nervenzauber« empfindend. Gleichzeitig setzt er die zwischen Verinnerlichung und Intellektualisierung wechselnde Rezeptionsweise fort. Er genießt nicht nur die Messen als opernähnliche oder laienhaft bescheidene Schauspiele, sondern er ist auch wieder Betrachter, der sich reflektierend und beurteilend distanziert. Bei diesem rationalen Teil der Wahrnehmung fällt erneut auf, wie fremd dem Reisenden Kessler das Land und seine Kultur bleiben und wie er als außenstehender Intellektueller agiert.

V

Hinsichtlich seiner aufs ästhetische Erleben des anderen Landes und dessen Kunst ausgerichteten Interessen erweisen sich die Besichtigungen der Maya-Ruinen auf der Halbinsel Yucatán für Kessler als schwieriger Höhepunkt seiner Reise. Der Besucher hält sich dort für 14 Tage vom 26. November bis zum 9. Dezember auf.

Beim Erleben, Beschreiben und Deuten von aztekischer, spanischer und mexikanischer Kultur vermag Kessler seine Vorbildung und so präformierte emotionale Disposition zu mobilisieren. Die Mayakultur – von spanischen Einflüssen fast unberührt, auf zumeist ebener Landschaft angelegt, inmitten verdeckender Urwaldvegetation und monokultureller Plantagenflächen – präsentiert sich ohne den gewohnten Wiedererkennungseffekt. Weil er aber auf diesen fixiert ist, bleiben ihm vertraute Eindrücke aus. Die Signale von Natur und Kultur erscheinen ihm irritierend fremd und lassen sich nur ansatzweise in seine psychomonistische Weltsicht integrieren.

Als Konsequenz daraus legt Kessler das Kapitel relativ monoton an. Beschreibungen wechseln mit knappen kunsttheoretischen Reflexionen und Hinweisen zu sozialen und ökonomischen Bedingungen ab. Die Neigung zu emotionalisierten Erklärungen gibt sich abgeschwächt, euphorisches Feiern von Natur und Kunst fehlt. Architekturtermini werden häufiger genutzt, um die Mayagebäude systematisch zu erfassen. Entscheidend bleibt auch hier Kesslers Versuch, keineswegs den Objekten als kulturspezifischen Phänomenen gerecht zu werden, sondern sie durch deutendes Umschreiben dem eigenen Kunstverständnis anzuverwandeln. Diese Erfassungsform und die verunsicherte Haltung dahinter lassen sich am Beispiel der Ruinen von Labná erkennen. Kesslers Eindruck von der ihm nahezu verschlossenen märchenhaft-dämonischen Kultur mündet in die Skizzierung seiner Sicht der überall konvergenten und teleologischen Entwicklung von Welt. Kunst verwirkliche Visionen, die die »Phantasie [...] in ihren Bann« ›zwingen‹ und ›vergewaltigen‹, dabei die »Sinne erleben« und den »Verstand« über »Symbole [...] grübeln« lassend. Mit »Bildern« werden »Nervenerschütterungen« ausgelöst, und der »erschöpfende Kunstgenuß« münde in ›orgiastisches‹ »Handeln«, wozu auch das »Aufsuchen ferner Abenteuer« zähle. Die metaphorisch gemeinte größere »Lautheit« südländischer Kunst sei eine Folge höherer »Reizbedürftigkeit«. Diese völkerpsychologischen Umstände bestätigen sich aus der alt-amerikanischen Kunst und der gegenwärtigen Situation. Daß sich auf Yucatán »ein Dutzend Familien spanischer Abstammung [...] die ganze Indianerbevölkerung als Schuldknechte zu Hörigen« halten könne, sei eine Folge tropischen Klimas. Wolle man eine intakte Gesellschaft erreichen, vermögen diese nur der »Priester oder Gewalt und äußerer Zwang« bewirken, so geleistet in der vorspanischen und spanischen Zeit, jetzt durch die Kirche und die herrschende Klasse. Kessler folgert daraus modellhaft für die »Ursache hoher Kultur« – Herders Fortschrittsgesetz und Wundts Kulturmorphologie verpflichtet –, daß ethnische Isolierung, klimatische Umstände und resultierender »Kraftüberschuß« dafür existieren, um den »Herrschern, Priestern« und Künstlern Möglichkeiten hochkultureller Entwicklung zu geben, die »nicht anders als national [zu] denken« sei. Weil die »innere Notwendigkeit aller menschlichen Entwicklung« gesetzmäßig gelte, hätte die gegenwärtige europäische als weltweit führende Kultur in gleicher Form in der Neuen Welt entstehen müssen.

Sein Fazit: In Mexiko könne man erkennen, wie Nationalität und Entwicklung auch andere Zivilisationen auf den »Weg« bringen können, »der in der Alten Welt von Chaldäa und Ägypten zu Goethe und Kant geführt hat«. Im Gegensatz zum Kosmopolitismus, den Kessler unentwegt bemüht, zeigt sich hier eine eurozentrische, nationalistische Haltung, die seiner Weltanschauung gleichermaßen zugehört.

VI

Die schmalen Hinweise, mit denen Kessler seine »Notizen über Mexico« in den Zusammenhang seiner Schriften plaziert (KGS 1.263, 328), ergänzt er durch knappe Kommentare, die geradezu als Distanzierung vom Text ausgelegt werden können. Er habe in diesem Buch »ein Sammelsurium von Tageseindrücken, in dem, was ich während zweier Monate in einer fremden Umgebung Tag für Tag gesehen und mir dabei gedacht habe, möglichst trocken und klar für meine spätere Erbauung notiert« (an Bierbaum v. 15. 8. 1898; in: Tagebuch 72).

Der so vom Autor selbst benannte Zufälligkeitscharakter seiner subjektiven Impressionen (an Hofmannsthal v. 26. 4. 1900) – in Hugo von Hofmannsthals Schrift »Südfranzösische Eindrücke« (1892) als grundsätzliche Eigenschaft von Reiseskizzen bestätigt –, die damit logisch verknüpften, doch dem zufälligen Anlaß folgenden subjektiven Reflexionen, alles zusammen in der Verschriftlichung auf den persönlichen Bildungsbedarf und sein Weltbild ausgerichtet –, eine solche Qualität des Unverbindlichen führt in der Rezeption zu diffusen Reaktionen u. a. bei Hans Taft (1898), Hugo von Hofmannsthal (1898), Wolfdietrich Rasch (1984) und im Kessler-Katalog (1986).

Vor diesem Hintergrund ist es zu begreifen, daß die Republik Mexiko lediglich Vehikel einer blasierten Reisesucht des finanziell sanierten, beruflich ungebundenen, des künstlerisch-intellektuell sich gebenden Dandys ist. Die im andern Land gesuchten exotistischen Erfahrungen sind stimulierendes Ferment für den eigenen psychischen

Zustand und daher Mittel zur Selbstbestätigung auch in der kritischen Haltung gegenüber den großbürgerlich-spießigen gesellschaftlichen Veränderungen im Reich des jungen deutschen Kaisers. Und die Botschaft von der individuellen Selbsterfahrung der Welt, von dem Gesamtkunstwerk der menschlichen Entwicklung wird als ein ausgesandtes Signal verstanden, das richtungweisend wirken soll, indem es angesichts einer beginnenden »geistigen Eiszeit« die geahnte und beschworene »Zeitwende« der »geistigen Revolutionierung« (KGS 1.198) vorgeblich ankündigt.

Dieser prophetische Grundzug des Mexikobuches führt wie jede Antizipation idealisierter Verhältnisse zu einer Spagathaltung zwischen Wirklichkeit und Projektion. Für Kessler heißt dies, daß er sich in dilemmatorische Umstände begibt, ohne diese selbstkritisch zu reflektieren: selektierendes Betrachten und dilatorisches Wahrnehmen der gesellschaftspolitischen Umstände; Bewunderung des Kraftvollen und Ignorieren der moralisch gebotenen Verantwortung; Ästhetisierung des Wahrgenommenen und Distanzierung vom nicht Ästhetisierbaren; herablassende Beurteilung des Fremden und unzulängliche Landeserfahrung; Irritation durch die Wirklichkeit der Armen, Entmündigten und Arrangieren mit dieser im luxuriösen Reiseablauf, in der bourgeoisen Kumpanei mit den Reichen, Mächtigen; exaltiert präsentierte Haltung der Innerlichkeit und nüchtern kalkulierte politisch-imperialistische Einschätzungen; Überbringen einer subjektiven Weltsicht in der literarischen Einkleidung des exotischen Reiseberichts und Umgehen einer zwischen den Kulturen vermittelnden Berichterstattung.

Der Reisebericht verwandelt die geographisch-historische Bewegung durch ein anderes Land in einen Bericht der geistigen Orientierungssuche, die Topographie der Wirklichkeit in eine Meta-Topographie des Geistigen. Das Buch setzt mit der Metapher vom Reisen als zielgerichtetem Tun ein, mit dem Aufbruch aus Europa und endet im Bild des füsilierten politischen Helden Maximilian, ohne Rückkehr nach Europa. Diesen Helden, das retrospektivisch vorgestellte Opfer aus der Geschichte und die perspektivisch, moralisch-ästhetisch gesehene »Einheit der Welt«, in dem das »wie ein Rauch aus den Dingen emporsteigende Weltgefühl« erfahren wird, rückt Kessler zusammen (KGS 2.138). Seine »Notizen über Mexico« sind ein Plädoyer für den Aufbruch und gegen die Rückkehr.

Literaturverzeichnis

1. Ausgaben

Harry Graf Kessler: Notizen über Mexico. Erstausgabe Berlin: F. Fontane & Co. [Mai] 1898. Mit drei Heliogravüren: ›Colossalkopf im Museum von Mexico‹ [Frontispiz], ›Sagrariokapelle in Mexico‹, ›Großer Palast von Labna‹. Druckvermerk: »Das Titelblatt und der Einband dieses Buches wurden von G. Lemmen, die Ornamente nach mexicanischen Mustern von J. Burn entworfen. Für die Erlaubnis, seine Aufnahme des großen Palastes von Labna wiederzugeben, gebührt Dank dem Forschungsreisenden Hauptmann Maler. Es wurden von der ersten Auflage fünfundzwanzig numerierte Exemplare auf Büttenpapier gedruckt.« Kesslers ›Vorrede‹, S. 7 f., erschien als *Selbstanzeige* in: *Die Zukunft,* Berlin. Jg. 6, Heft 31, vom 30. April 1898, S. 219 f.

Harry Graf Kessler: Notizen über Mexico. Titelauflage des Erstdrucks. Berlin: Egon Fleischel & Co. 1903.

Harry Graf Kessler: Notizen über Mexico. Leipzig: Insel Verlag 1921 und 1929. (Stilistisch leicht überarbeitete Fassung letzter Hand)

Harry Graf Kessler: Notizen über Mexico. Frankfurt am Main: Insel Verlag 1962. 1964 (Insel-Bücherei Nr. 824). Diese Ausgabe fungiert als Textvorlage des vorliegenden Bandes.

Harry Graf Kessler: Notizen über Mexico: In: Harry Graf Kessler: Gesammelte Schriften in drei Bänden. Hrsg. v. Cornelia Blasberg und Gerhard Schuster. Bd. I. Gesichter und Zeiten. Erinnerungen. Frankfurt am Main: Fischer 1988. S. 335-432 (Textgrundlage: Ausgabe von 1921); Bd. II. Künstler und Nationen (Siglen: KGS 1; KGS 2).

2. *Literatur*

2.1. *Weitere Schriften Harry Graf Kesslers*

Eberhard von Bodenhausen. Harry Graf Kessler. Ein Briefwechsel 1894-1918. Ausgewählt und hrsg. v. Hans-Ulrich Simon. Marbacher Schriften 16. Marbach 1978.

Hugo von Hofmannsthal. Harry Graf Kessler. Briefwechsel 1898-1929. Hrsg. v. Hilde Burger. Frankfurt am Main 1968.

Harry Graf Kessler: Tagebücher 1918-1937. Hrsg. v. Wolfgang Pfeiffer-Belli. Frankfurt am Main 1961.

Harry Graf Kessler: Tagebuch eines Weltmanns. Eine Ausstellung des Deutschen Literaturarchivs im Schiller-Nationalmuseum Marbach am Neckar. Hrsg. v. Gerhard Schuster und Margot Pehle. Marbacher Kataloge 43. 2. Aufl. Marbach 1988.

2.2. *Forschungsliteratur und Kontexte*

Amerika 1492-1992. Neue Welten – Neue Wirklichkeiten. 2 Bde.: Essays und Katalog. Hrsg. v. Ibero-Amerikanisches Institut, Preußischer Kulturbesitz und Museum für Völkerkunde, Staatliche Museen zu Berlin. Braunschweig 1992.

Erika Billeter: Fotografie Lateinamerikas 1860-1993. Bern 1994.

Peter J. Brenner (Hrsg.): Der Reisebericht. Frankfurt am Main 1989.

Ursula Ewald: Mexiko. Das Land, seine Geschichte und Kultur. Stuttgart 1994.

Hermann Glaser: Die Kultur der wilhelminischen Zeit. Topographie einer Epoche. Frankfurt am Main 1984.

Ernesto Grassi: Reisen ohne anzukommen. Eine Konfrontation mit Südamerika. München 1974.

Richard Hamann und Jost Hermand: Impressionismus. Epochen der deutschen Kultur von 1870 bis zur Gegenwart. Bd. 3, 2. Aufl. München 1974.

Harry Graf Kessler: Ein Wegbereiter der Moderne. Hrsg. v. Bernd Neumann und Günter Schnitzler. Rombach Litterae. Bd. 37. Freiburg 1997.

Andreas Hermann: Auf den Spuren der Maya. Eine Fotodokumentation von Teobert Maler (1842-1917). Hrsg. v. Rainer Springhorn. Graz 1992.

Friedrich Nietzsche: Werke Bd. IV. Hrsg. v. Karl Schlechta. Aus dem Nachlaß der achtziger Jahre. Briefe (1861-1889). 6. Aufl. München 1969.

Wolfdietrich Rasch: Harry Graf Kessler als Schriftsteller. Die frühen Schriften zu Kunst und Literatur. In: Zeit der Moderne. Literatur von der Jahrhundertwende bis zur Gegenwart. Hrsg. v. Hans-Henrik Krummacher, Fritz Martini und Walter Müller-Seidel. Stuttgart 1984, S. 315-337.

Wolfdietrich Rasch: Die literarische Decadence um 1900. München 1986, S. 123 ff.

Alexander Ritter: Der Dandy im Lande des Diktators Díaz: Harry Graf Kessler und seine ästhetizistischen »Notizen über Mexico« (1898). In: Harry Graf Kessler: Ein Wegbereiter der Moderne. Hrsg. v. Bernd Neumann und Günter Schnitzler. Rombach Litterae Bd. 37. Freiburg 1997, S. 227-279.

Burkhard Stenzel: Harry Graf Kessler. Ein Leben zwischen Kultur und Politik. Wien 1995.

Hans Werner Tober: Die mexikanische Revolution. Gesellschaftlicher Wandel und politischer Umbruch 1876-1940. Frankfurt am Main 1992.

Abbildungsnachweis

Bildarchiv Preußischer Kulturbesitz, Berlin: S. 51
Deutsches Literaturarchiv, Marbach am Neckar: S. 8, 146, 147
Insel Verlag Frankfurt am Main und Leipzig, Archiv: S. 20
Harry Graf Kessler, Notizen über Mexico, F. Fontane & Co., Berlin 1898: ausgewählte Vignetten
Kunsthalle Mannheim: S. 141
Lippisches Landesmuseum, Detmold: S. 75, 82, 86, 100
Hartmut Peters: S. 146-147 (Karte der Reiseroute von Harry Graf Kessler)
Stiftung Weimarer Klassik (Goethe und Schiller-Archiv): S. 4

Literatur und Reisen
im insel taschenbuch

Alt-Prager Geschichten. Gesammelt von Peter Demetz. Mit Illustrationen von Hugo Steiner-Prag. it 613

Alt-Wiener Geschichten. Gesammelt von Joseph Peter Strelka. Mit sechs farbigen Abbildungen. it 784

Ernst Batta: Römische Paläste und Villen. Annäherung an eine Stadt. Mit zahlreichen Abbildungen. it 1324

Bodensee. Reisebuch. Herausgegeben von Dominik Jost. Mit zahlreichen Abbildungen. it 1490

Bonn. Ein Städte-Lesebuch. Herausgegeben von Doris Maurer und Arnold E. Maurer. Mit zahlreichen Abbildungen. it 1224

Budapest. Reisebuch. Herausgegeben von Wilhelm Droste, Susanne Scherrer und Kristin Schwamm. Mit zahlreichen Fotografien. it 1801

Friedrich Dieckmann: Dresdner Ansichten. Spaziergänge und Erkundungen. Mit farbigen Fotografien. it 1766

Dresden. Ein Reisebuch. Herausgegeben von Katrin Nitzschke. Unter Mitarbeit von Reinhard Eigenwill. Mit zahlreichen Abbildungen. it 1365

Flandern. Lesarten einer Stadt. Herausgegeben von Werner Jost und Joost de Geest. it 1254

Florenz. Lesarten einer Stadt. Herausgegeben von Andreas Beyer. Mit zahlreichen Illustrationen. it 633

Florida. Reisebuch. Herausgegeben von Katharina Frühe und Franz Josef Görtz. Mit zahlreichen Abbildungen. it 1492

Theodor Fontane: Jenseit des Tweed. Bilder und Briefe aus Schottland. Mit zahlreichen Abbildungen und einem Nachwort herausgegeben von Otto Drude. it 1066

– Ein Sommer in London. Mit einem Nachwort von Harald Raykowski. it 1723

Georg Forster: Reise um die Welt. Herausgegeben und mit einem Nachwort von Gerhard Steiner. it 757

Frankfurt. Reisebuch. Herausgegeben von Herbert Heckmann. Mit zahlreichen Abbildungen. it 1438

Johann Wolfgang Goethe: Italienische Reise. Mit vierzig Zeichnungen des Autors. Herausgegeben und mit einem Nachwort versehen von Christoph Michel. it 175

Johann Wolfgang Goethe: Tagebuch der Italienischen Reise 1786. Notizen und Briefe aus Italien. Mit Skizzen und Zeichnungen des Autors. Herausgegeben und erläutert von Christoph Michel. it 176

– Kampagne in Frankreich 1792. Belagerung von Mainz. Herausgegeben und mit einem Nachwort von Jörg Drews. Mit zeitgenössischen Abbildungen. it 1525

158/1/12.96

Literatur und Reisen
im insel taschenbuch

Walter Haubrich / Eva Karnofsky: Die großen Städte Lateinamerikas. Sechzehn Städtebilder. Von Walter Haubrich und Eva Karnofsky. Mit farbigen Fotografien. it 1601

Hamburg. Ein Städte-Lesebuch. Herausgegeben von Eckart Kleßmann. it 1312

Victor Hehn: Olive, Wein und Feige. Kulturhistorische Skizzen. Herausgegeben von Klaus von See unter Mitwirkung von Gabriele Seidel-Leimbach. Mit farbigen Abbildungen. it 1427

Heidelberg-Lesebuch. Stadt-Bilder von 1800 bis heute. Herausgegeben von Michael Buselmeier. it 913

Heinrich Heine: Italien. Mit farbigen Illustrationen von Paul Scheurich. it 1072

Hermann Hesse: Luftreisen. Berichte und Gedichte. Herausgegeben und mit einem Nachwort versehen von Volker Michels. Mit zahlreichen Abbildungen. it 1604

– Mit Hermann Hesse durch Italien. Ein Reisebegleiter durch Oberitalien. Mit farbigen Fotografien. Herausgegeben von Volker Michels. it 1120

– Tessin. Betrachtungen, Gedichte und Aquarelle des Autors. Herausgegeben von Volker Michels. it 1494

Mit Hermann Hesse reisen. Betrachtungen und Gedichte. Herausgegeben von Volker Michels. it 1242

Erhart Kästner: Griechische Inseln. Aufzeichnungen aus dem Jahre 1944. Mit einem Nachwort von Heinrich Gremmels. it 118

– Kreta. Aufzeichnungen aus dem Jahre 1943. Mit einem Nachwort von Heinrich Gremmels. it 117

– Ölberge, Weinberge. Ein Griechenland-Buch. Mit Zeichnungen von Helmut Kaulbach. it 55

– Ölberge, Weinberge. Die Stundentrommel vom heiligen Berg Athos. 2 Bände in Kassette. it 55/56

– Die Stundentrommel vom heiligen Berg Athos. it 56

Harald Keller: Die Kunstlandschaften Italiens. Toskana. Florenz. Umbrien. Rom. Lombardei. Emilia. Venedig. Zwei Bände in Kassette. Mit zahlreichen Abbildungen. it 1576

Kunstführer durch Sachsen und Thüringen. Herausgegeben von Katharina Flügel. Mit farbigen Abbildungen. it 1327

London. Eine europäische Metropole in Texten und Bildern. Herausgegeben von Norbert Kohl. it 322

158/2/12.96

Literatur und Reisen
im insel taschenbuch

Doris Maurer / Arnold E. Maurer: Literarischer Führer durch Italien. Ein Insel-Reiselexikon. Mit zahlreichen Abbildungen, Karten und Registern. it 1071

Günter Metken: Reisen durch Europa. Andere Wege zu Kunst und Kultur. Von Günter Metken. Mit zahlreichen Fotografien. it 1572

Mit Fontane durch die Mark Brandenburg. Herausgegeben von Otto Drude. Mit farbigen Fotografien von Christel Wollmann-Fiedler. it 1798

Mit Rilke durch das alte Prag. Herausgegeben von Hartmut Binder. Mit zahlreichen Abbildungen. it 1489

Michel de Montaigne: Tagebuch einer Reise durch Italien. Aus dem Französischen von Otto Flake. it 1074

Moskau. Ein literarischer Führer. Von Sigrun Bielfeldt. Mit zahlreichen Abbildungen. it 1382

München. Ein Lesebuch. Herausgegeben von Reinhard Bauer und Ernst Piper. Mit zahlreichen Abbildungen. it 827

Ernst Penzoldt: Sommer auf Sylt. Liebeserklärungen an eine Insel. Mit farbigen Zeichnungen des Verfassers. Herausgegeben von Volker Michels. it 1424

Potsdam. Ein Reisetagebuch. Herausgegeben von Doris Maurer und Arnold E. Maurer. Mit farbigen Abbildungen. it 1432

Prag. Ein Lesebuch. Herausgegeben von Jana Halamicková. Mit zahlreichen Abbildungen. it 994

Reisen durch Deutschland. Von Gustav Faber. Mit farbigen Fotografien. it 1595

Reisen mit Mark Twain. Für Reiselustige ausgewählt und zusammengestellt von Norbert Kohl. it 1594

Rom. Ein Städte-Lesebuch. Herausgegeben von Michael Worbs. it 921

Salzburg. Ein Städte-Lesebuch. Herausgegeben von Adolf Haslinger. Mit zahlreichen Abbildungen. it 1326

Schwarzwald und Oberrhein. Literarischer Führer. Herausgegeben von Hans Bender und Fred Oberhauser. Mit zahlreichen Abbildungen. it 1330

Sommerliebe. Zärtliche Geschichten. Für den Reisekoffer gepackt von Franz-Heinrich Hackel. it 1596

Südtirol. Ein literarisches Landschaftsbild. Herausgegeben von Dominik Jost. it 1317

Toskana. Ein literarisches Landschaftsbild. Herausgegeben von Andreas Beyer. Mit Fotografien von Loretto Buti. it 926

158/3/12.96

Literatur und Reisen im insel taschenbuch

Trier. Deutschlands älteste Stadt. Herausgegeben von Michael Schroeder. Mit zahlreichen Fotografien. it 1574

Tübingen. Ein Städte-Lesebuch. Herausgegeben von Gert Ueding. Mit zahlreichen Abbildungen. it 1246

Tunesien. Ein Reisebuch. Herausgegeben von Hans-Ulrich Wagner. it 1802

Mark Twain: Reisen ums Mittelmeer. Vergnügliche Geschichten. Ausgewählt von Norbert Kohl. it 1799

Umbrien. Ein Reisebuch. Herausgegeben von Isolde Renner. Mit zahlreichen Abbildungen. it 1491

Venedig. Herausgegeben von Doris Maurer und Arnold E. Maurer. Mit zahlreichen Abbildungen. it 626

Venedig. Literarischer Führer. Herausgegeben von Doris Maurer und Arnold E. Maurer. Mit farbigen Abbildungen. it 1413

Warum in die Ferne? Das Lesebuch vom Daheimbleiben. Eingerichtet von Hans Christian Kosler. it 1332

Die Welt der Museen. Herausgegeben von Joachim Rönneper. it 1493

Westfalen. Ein Reiselesebuch. Herausgegeben von Hans Georg Schwark und Fred Oberhauser. Mit zahlreichen Abbildungen. it 1394

Wien. Ein Reisebuch. Herausgegeben von Joseph Peter Strelka. Mit farbigen Fotografien. it 1573

Wien im Gedicht. Herausgegeben von Gerhard C. Krischker. it 1488

Wiener Adressen. Ein kulturhistorischer Wegweiser. Von Dietmar Grieser: it 1203

158/4/12.96

Städte und Landschaften
Reiselesebücher im insel taschenbuch

Bayreuth. Ein literarisches Porträt. Herausgegeben von Frank Piontek und Joachim Schultz. Mit zahlreichen Abbildungen. it 1830

Bodensee. Reisebuch. Herausgegeben von Dominik Jost. Mit zahlreichen Abbildungen. it 1490

Bonn. Ein Städte-Lesebuch. Herausgegeben von Doris Maurer und Arnold E. Maurer. Mit zahlreichen Abbildungen. it 1224

Dresden. Ein Reisebuch. Herausgegeben von Katrin Nitzschke. Unter Mitarbeit von Reinhard Eigenwill. Mit zahlreichen Abbildungen. it 1365

Dublin. Ein literarisches Porträt. Herausgegeben von Elsemarie Maletzke. Mit zahlreichen Abbildungen. it 1870

Florenz. Lesarten einer Stadt. Herausgegeben von Andreas Beyer. Mit zahlreichen Illustrationen. it 633

Hamburg. Ein Städte-Lesebuch. Herausgegeben von Eckart Kleßmann. it 1312

Heidelberg-Lesebuch. Stadt-Bilder von 1800 bis heute. Herausgegeben von Michael Buselmeier. it 913

Hermann Hesse: Tessin. Betrachtungen, Gedichte und Aquarelle des Autors. Herausgegeben von Volker Michels. it 1494

London. Eine europäische Metropole in Texten und Bildern. Herausgegeben von Norbert Kohl. it 322

Mit Rilke durch das alte Prag. Herausgegeben von Hartmut Binder. Mit zahlreichen Abbildungen. it 1489

München. Ein Lesebuch. Herausgegeben von Reinhard Bauer und Ernst Piper. Mit zahlreichen Abbildungen. it 827

Prag. Ein Lesebuch. Herausgegeben von Jana Halamíčková. Mit zahlreichen Abbildungen. it 994

Salzburg. Ein Städte-Lesebuch. Herausgegeben von Adolf Haslinger. Mit zahlreichen Abbildungen. it 1326

Schwarzwald und Oberrhein. Literarischer Führer. Herausgegeben von Hans Bender und Fred Oberhauser. Mit zahlreichen Abbildungen. it 1330

Trier. Deutschlands älteste Stadt. Reisebuch. Herausgegeben von Michael Schroeder. Mit zahlreichen Fotografien. it 1574

Tübingen. Ein Städte-Lesebuch. Herausgegeben von Gert Ueding. Mit zahlreichen Abbildungen. it 1246

Venedig. Herausgegeben von Doris Maurer und Arnold E. Maurer. Mit zahlreichen Abbildungen. it 626

169/1/12.96

Städte und Landschaften
Reiselesebücher im insel taschenbuch

Venedig. Literarischer Führer. Von Doris Maurer und Arnold E. Maurer. Mit farbigen Abbildungen. it 1413

Wien. Reisebuch. Herausgegeben von Joseph Peter Strelka. Mit farbigen Fotografien. it 1573

Wien im Gedicht. Herausgegeben von Gerhard C. Krischker. it 1488

169/2/12.96

Biographien, Leben und Werk im insel taschenbuch

Peter Altenberg. Leben und Werk in Texten und Bildern. Herausgegeben von Hans Christian Kosler. it 1854

Lou Andreas-Salomé: Lebensrückblick. Grundriß einiger Lebenserinnerungen. Aus dem Nachlaß herausgegeben von Ernst Pfeiffer. Neu durchgesehene Ausgabe mit einem Nachwort des Herausgebers. it 54

– Rainer Maria Rilke. Mit acht Bildtafeln im Text. Herausgegeben von Ernst Pfeiffer. it 1044

Elizabeth von Arnim: Elizabeth und ihr Garten. Aus dem Englischen von Adelheid Dormagen. it 1293 und Großdruck. it 2338

Angelika Beck: Jane Austen. Leben und Werk in Texten und Bildern. it 1620

Marian Brandys: Maria Walewska. Napoleons große Liebe. Eine historische Biographie. it 1835

Bertolt Brecht. Sein Leben in Bildern und Texten. Mit einem Vorwort von Max Frisch. Herausgegeben von Werner Hecht. it 1122

Die Schwestern Brontë. Leben und Werk in Texten und Bildern. Herausgegeben von Elsemarie Maletzke und Christel Schütz. it 814

Robert de Traz: Die Familie Brontë. Eine Biographie. Aus dem Französischen von Maria Arnold. Mit einem Beitrag von Mario Praz und zahlreichen Abbildungen. it 1548

Georg Büchner. Leben und Werk in Texten und Bildern. Von Reinhold Pabst. it 1626

Hans Carossa: Ungleiche Welten. Lebensbericht. it 1471

Benvenuto Cellini: Leben des Benvenuto Cellini florentinischen Goldschmieds und Bildhauers. Von ihm selbst geschrieben, übersetzt und mit einem Anhange herausgegeben von Johann Wolfgang Goethe. Mit einem Nachwort von Harald Keller. it 525

Cézanne. Leben und Werk in Texten und Bildern. Von Margret Boehm-Hunold. it 1140

George Clémenceau: Claude Monet. Betrachtungen und Erinnerungen eines Freundes. Mit farbigen Abbildungen und einem Nachwort von Gottfried Boehm. it 1152

Sigrid Damm: Cornelia Goethe. it 1452

– »Vögel, die verkünden Land.« Das Leben des Jakob Michael Reinhold Lenz. it 1399

Joseph von Eichendorff. Leben und Werk in Texten und Bildern. Herausgegeben von Wolfgang Frühwald und Franz Heiduk. it 1064

162/1/12.96

Biographien, Leben und Werk im insel taschenbuch

Elisabeth von Österreich. Tagebuchblätter von Constantin Christomanos. Herausgegeben von Verena von der Heyden-Rynsch. Mit Beiträgen von E. M. Cioran, Paul Morand, Maurice Barrès und Ludwig Klages. Mit zeitgenössischen Abbildungen. it 1536

Die Familie Mendelssohn. 1729 bis 1847. Nach Briefen und Tagebüchern herausgegeben von Sebastian Hensel. Mit einem Nachwort von Konrad Feilchenfeldt. it 1671

Theodor Fontane: Kriegsgefangen. Erlebnisse 1870. Herausgegeben von Otto Drude. Mit zahlreichen Abbildungen. it 1437

– Meine Kinderjahre. Autobiographischer Roman. Mit einem Nachwort von Otto Drude. it 705

Theodor Fontane. Leben und Werk in Texten und Bildern. Von Otto Drude. it 1660

Frauen mit Flügel. Lebensberichte berühmter Pianistinnen. Von Clara Schumann bis Clara Haskil. Herausgegeben und mit einem Nachwort von Eva Rieger und Monica Steegmann. it 1714

Sigmund Freud. Sein Leben in Bildern und Texten. Herausgegeben von Ernst Freud, Lucie Freud und Ilse Grubrich-Simitis. Mit einer biographischen Skizze von K. R. Eissler. Gestaltet von Willy Fleckhaus. it 1133

Dagmar von Gersdorff: Marie Luise Kaschnitz. Eine Biographie. Mit zahlreichen Abbildungen. it 1887

Klaus Goch: Franziska Nietzsche. Eine Biographie. Mit zahlreichen Abbildungen. it 1623

Goethe. Sein Leben in Bildern und Texten. Vorwort von Adolf Muschg. Herausgegeben von Christoph Michel. Gestaltet von Willy Fleckhaus. it 1000

Manfred Wenzel: Goethe und die Medizin. Selbstzeugnisse und Dokumente. Herausgegeben von Manfred Wenzel. Mit zahlreichen Abbildungen. it 1350

Herman Grimm: Das Leben Michelangelos. it 1758

Gernot Gruber: Mozart. Leben und Werk in Texten und Bildern. it 1695

Klaus Günzel: Die Brentanos. Eine deutsche Familiengeschichte. Mit zahlreichen Abbildungen. it 1929

Adele Gundert: Marie Hesse. Die Mutter von Hermann Hesse. Ein Lebensbild in Briefen und Tagebüchern. Mit einem Essay von Siegfried Greiner und Illustrationen von Gunter Böhmer. it 261

Heinrich Heine. Leben und Werk in Daten und Bildern. Von Joseph A. Kruse. Mit farbigen Abbildungen. it 615

162/2/12.96

Biographien, Leben und Werk im insel taschenbuch

Hermann Hesse. Sein Leben in Bildern und Texten. Mit einem Vorwort von Hans Mayer. Herausgegeben von Volker Michels. it 1111

Volker Michels: Hermann Hesse. Leben und Werk im Bild. Mit dem ›kurzgefaßten Lebenslauf‹ von Hermann Hesse. it 36

Hölderlin. Chronik seines Lebens mit ausgewählten Bildnissen. Herausgegeben von Adolf Beck. it 83

Eckart Kleßmann: E.T.A. Hoffmann oder Die Tiefe zwischen Stern und Erde. Eine Biographie. Mit zahlreichen Abbildungen. it 1732

Peter Huchel. Leben und Werk in Texten und Bildern. Herausgegeben von Peter Walther. it 1805

Kirsten Jüngling / Brigitte Roßbeck: Elizabeth von Arnim. Biographie. Mit zahlreichen Photographien. it 1840

Erhart Kästner. Leben und Werk in Daten und Bildern. Herausgegeben von Anita Kästner und Reingart Kästner. it 386

Marie Luise Kaschnitz: Tage, Tage, Jahre. Aufzeichnungen. it 1453

Katharina die Große: Memoiren. Aus dem Französischen und Russischen übersetzt von Erich Boehme. Mit einem Nachwort von Hedwig Fleischhacker. it 1858

Harry Graf Kessler: Tagebücher 1918-1937. Herausgegeben von Wolfgang Pfeiffer-Belli. it 1779

Gisela Kleine: Gabriele Münter und die Kinderwelt. Mit farbigen Abbildungen. it 1924

– Gabriele Münter und Wassily Kandinsky. Biographie eines Paares. Mit farbigen Abbildungen. it 1611

Eckart Kleßmann: Die Mendelssohns. Bilder aus einer deutschen Familie. Mit zahlreichen Abbildungen. it 1523

Werner Koch: Lawrence von Arabien. Leben und Werk in Texten und Bildern. Mit einem Bildteil und Lebensdaten von Michael Schroeder. it 1704

Cordula Koepcke: Lou Andreas-Salomé. Leben. Persönlichkeit. Werk. Eine Biographie. it 905

Oskar Kokoschka. Leben und Werk in Daten und Bildern. Herausgegeben von Norbert Werner. it 909

Monique Lange: Edith Piaf. Die Geschichte der Piaf. Ihr Leben in Texten und Bildern. Aus dem Französischen von Hugo Beyer. Mit einer Discographie. it 516

Mütter berühmter Männer. Zwölf biographische Porträts. Herausgegeben von Luise F. Pusch. it 1356

Jean Orieux: Das Leben des Voltaire. Aus dem Französischen von Julia Kirchner. Mit einer Zeittafel und einem kommentierten Personenregister. it 1651

162/3/12.96

Biographien, Leben und Werk im insel taschenbuch

Ernst Penzoldt. Leben und Werk in Texten und Bildern. Herausgegeben von Ulla Penzoldt und Volker Michels. it 547

August von Platen: Memorandum meines Lebens. Herausgegeben von Gert Mattenklott und Hansgeorg Schmidt-Bergmann. it 1857

Renate Wiggershaus: Marcel Proust. Leben und Werk in Texten und Bildern. it 1348

Gwen Raverat: Eine Kindheit in Cambridge. Roman. Aus dem Englischen übertragen von Leonore Schwartz. it 1592

Requiem für eine romantische Frau. Die Geschichte von Auguste Bußmann und Clemens Brentano. Nach gedruckten und ungedruckten Quellen überliefert von Hans Magnus Enzensberger. Aus neuen Funden ergänzt und mit einem Capriccio als Zugabe. it 1778

Rainer Maria Rilke. Leben und Werk im Bild. Von Ingeborg Schnack. Mit einer biographischen Einführung und einer Zeittafel. it 35

George Sand. Leben und Werk in Texten und Bildern. Von Gisela Schlientz it 565

Ida Schöffling: Katherine Mansfield. Leben und Werk in Texten und Bildern. it 1687

Arthur Schopenhauer. Leben und Werk in Texten und Bildern. Herausgegeben von Angelika Hübscher. it 1059

Misia Sert: Pariser Erinnerungen. Aus dem Französischen von Hedwig Andertann. Mit einem Bildteil. it 1180

Margarete Susman: Frauen der Romantik. Mit zahlreichen Abbildungen. it 1829

Töchter berühmter Männer. Neun biographische Porträts. Herausgegeben von Luise E. Pusch. it 979

Siegfried Unseld: Hermann Hesse. Werk und Wirkungsgeschichte. Revidierte und erweiterte Fassung der Ausgabe von 1973. Mit zahlreichen Abbildungen. it 1112

Voltaire. Leben und Werk in Texten und Bildern. Von Horst Günther. it 1652

Wilhelmine von Bayreuth: Eine preußische Königstochter. Glanz und Elend am Hofe des Soldatenkönigs in den Memoiren der Markgräfin Wilhelmine von Bayreuth. Aus dem Französischen von Annette Kolb. Neu herausgegeben von Ingeborg Weber-Kellermann. Mit Illustrationen von Adolph Menzel. it 1280

Virginia Woolf. Leben und Werk in Texten und Bildern. Herausgegeben von Renate Wiggershaus. it 932

Stefan Zweig. Leben und Werk im Bild. Herausgegeben von Donald Prater und Volker Michels. it 532

162/4/12.96